新たな歴史の扉が開く！

全日本大学

2022年6月19日（日）、秩父宮賜杯全日本大学駅伝対校選手権大会の関東地区選考会が神奈川・相模原市のギオンスタジアムで開催され、創価大学は3位で突破し、初出場を勝ち取った。

KENTA SHIMURA
創友会
創価大学
1
第54回全日選考会
［1組］志村健太

KAIYA YOKOYAMA
創友会
創価大学
長谷工グループ
21
第54回全日選考会
9
［1組］横山魁哉

RYO YOSHIDA
創友会
創価大学
長谷工グループ
1
第54回全日選考会
［2組］吉田凌

JUNNA ISHIMARU
創友会
創価大学
長谷工グループ
21
第54回全日選考会
［2組］石丸惇那

［3組］野沢悠真

［3組］桑田大輔

［4組］フィリップ・ムルワ

［4組］嶋津雄大

創部50年の節目に 悲願の学生三大駅伝に初出場

出雲駅伝（6区間 45.1㎞）島根・出雲大社〜出雲ドーム

全日本大学駅伝（8区間 106.8㎞）愛知・熱田神宮〜三重・伊勢神宮

箱根駅伝（10区間 217.1㎞）東京・大手町〜神奈川・箱根町

CONTENTS

［対談］

榎木和貴

創価大学の戦略とビジョン

初の学生三大駅伝をいかに戦うか

強豪チーム・旭化成で共に鍛錬の日々を送った川嶋伸次氏と榎木和貴氏が学生駅伝における「強さの証明」を語る。

川嶋伸次

実業団チームの過酷な競争

——お二人は旭化成のチームメイトです。川嶋さんが８歳年上ですが、当時はどのような存在でしたか？

榎木　職場では同じ総務部に所属し、席も向かいでしたので、競技だけでなく、仕事の面でもたいへんお世話になりました。川嶋さんは本当に頼れる存在で、折あるごとに相談していました。私は入社当初、環境の変化に対応できず、貧血もありましたので、食事のとり方や練習の強弱のつけ方などを教えていただいた思い出があります。

川嶋　私は、入社直後は全然ダメだったんですけど、榎木くんが入ってきたときは、自分自身がいちばん乗っていた時期でした。

——当時の旭化成は高卒選手が中心で、大卒ランナーがやっていく難しさもあったと思います。

川嶋　そうですね。あのころは練習でもライバルを蹴落としていくような雰囲気がありました。榎木くんは箱根駅伝で活躍して、鳴り物入りで入ってきたので、まわりはやっつける気満々でした（笑）。ですから、その洗礼を受けて大変だったと思います。

——榎木さんはニューイヤー駅伝のメンバーに一度も入ることができませんでした。一方、川嶋さんは「駅伝男」の異名をとるくらい、ニューイヤー駅伝でも活躍されましたね。

榎木　旭化成にはマラソンで２時間10分を切る選手が６～７人いて、世界大会の代表、ニューイヤー駅伝の優勝は当たり前という感じでした。そのなかでふるいにかけられるわけです。「どこでパフォーマンスを発揮すればメンバー入りできるのか」というノウハウがなかったので、毎日、がむしゃらに頑張るしかありませんでした。でも、大事なところで外してメンバー入りを逃していました。

川嶋　榎木くんは、スピードはあったんだけど、小細工するタイプじゃなかった。惜しいところまでいったことが何回かあったと記憶しています。チーム内ではニューイヤー駅

シドニー五輪の男子マラソンで力走する川嶋伸次氏
（2000年10月１日　オーストラリア・シドニー）

聞き手・文／酒井政人（スポーツライター）　写真／柴田篤

伝の「7人」の争いが本当に激しかったんですよ。元日に好走するより、メンバーに入るほうが難しい。とにかく7番目までに入るために、私自身も必死でした。

――1990年代は6連覇の後、1秒差の2位、その後は3連覇でした。当時の旭化成は本当に強かったと記憶しています。そうしたなかで川嶋さんはマラソンでも結果を残しました。

榎木　川嶋さんは目標とするレースが決まったら、そこに向けてのアプローチが凄まじかったんです。マラソンではお腹を下すことが多かったので、水分を一切、摂らないようにするなど、練習のときから本番をシミュレートして準備されていました。駅伝でもバッチリとピークを合わせられる。本番が近づいてくると、独特のオーラを放って「勝てないな」と感じさせるほどでした。

――川嶋さんは現役引退後、2002年に東洋大学の監督に就任。榎木さんも04年から指導者の道に進みました。

榎木　川嶋さんが大学でどんな選手を育てるのか、興味深く見させてもらっていました。就任当時の東洋大学は箱根駅伝で予選落ちしたチームでしたけど、久保田満主将（現・創価大学駅伝部コーチ）らが育ち、数年で優勝を狙えるチームに変わっていったんです。その過程で川嶋さんが選手にどういうアプローチをされたのか。いろいろと学ばせていただいています。

――旭化成のような最強チームの選手から、学生を指導する立場になって、難しさもあったことと思います。

川嶋　実業団は個々人が「自

榎木和貴　えのき・かずたか

（創価大学駅伝部監督）

1974年生まれ。宮崎県出身。中央大学在学中は箱根駅伝で4年連続区間賞を獲得。大学卒業後は旭化成に入社し、2000年の別府大分毎日マラソンで優勝。沖電気陸上競技部、トヨタ紡織陸上部でコーチ・監督を務めた後、19年から現職。

分で決めて、自分でやる」という部分が大きいんですけど、学生の場合は競技以外の悩みで力を発揮できなくなることもありますから、本当に細かいところまでケアしないといけません。まずは、学生を「やる気にさせる」ことが大切だと気づきました。

監督と選手が一緒に成長するチームに

——榎木さんは現役引退後、実業団チームで指導され、トヨタ紡織では監督も務めました。創価大学の監督に就任する際には、川嶋さんが背中を押してくれたそうですね。

榎木　私は実業団の監督時代、結果が出せなくて行き詰まっていたんです。どうしようか考えているときに大学からオファーがあり、最初はお断りするつもりでした。指導に対して自信が持てなかったのが大きな理由です。「明日、断ろう」というタイミングで川嶋さんから連絡をいただき、気持ちが変わりました。

——どんな言葉が榎木さんの心を動かしたのですか？

榎木　実業団はある程度、完成された人間が集まるけど、学生はまだまだ成長過程で吸収力がある。最初から１００パーセントを求めるのではなく、「監督自身も一緒に成長していく」というスタンスで指導すればいいのではないか。「箱根駅伝で結果を出さなきゃいけない」と、最初からゴールを考えるのではなく、やっていくなかで自分もどれだけ成長できるのかと楽しみながらやれば、肩の荷が下りて楽にできるんじゃないか、と話していただいたことで気持ちが一気に変わりました。

川嶋伸次　かわしま・しんじ

（旭化成陸上部コーチ）

1966年生まれ。埼玉県出身。日本体育大学在学中の89年に箱根駅伝復路６区の山下りで区間賞を獲得。大学卒業後、旭化成に入社。2000年のシドニー五輪男子マラソン代表となる。01年に現役引退。02年から08年まで東洋大学陸上競技部監督を務め、09年から現職。

――川嶋さんは、榎木さんのどういう部分が学生の指導に向いていると思われたのですか？

川嶋　榎木くんは指導が丁寧ですし、雑な言葉も使わない。個別対応も面倒がらずにやるタイプでしたから、成長過程の大学生を指導したほうが絶対に能力を発揮できると思ったんです。

――榎木さんは就任1年目に創価大学を3年ぶりに箱根駅伝に導くと、本戦でも総合9位に入り、チーム初のシード権を獲得しました。

川嶋「勧誘した選手が4年生になるまでは5年かかるので、チームのかたちができるまでには何年もかかるよ」という話をしていたのですが、いきなり躍進しましたからね。選手一人ひとりに目が行き届いているという印象を受けました。

榎木　初年度は、自分が経験したことのない箱根駅伝予選会に臨むのがいちばん不安でしたので、監督時代に予選会を経験された川嶋さんに何度かアドバイスをいただきました。

――榎木さんにとって予選会はまったく未知の挑戦だったんですね。

榎木　はい。瀬上雄然総監督からも、過去2回通過したときの成功例や失敗例などを聞き、足りていないところをどう補うのかを考えました。何よりも、選手たちの「絶対に通過するぞ」という気持ちが強く、真剣に取り組んでくれたことが大きかったですね。素直な選手ばかりだったので、先入観を持たずに純粋に努力してくれたのがよかったと思います。

――そして就任2年目の箱根駅伝では往路優勝。復路も終

令和最初の箱根駅伝予選会を5位で通過。3年ぶり3度目の本戦出場が決まり、ガッツポーズで喜び合う榎木監督（前列左端）と創価大学駅伝部（2019年10月26日　立川・昭和記念公園）

盤までトップを独走して、総合2位に入りました。

川嶋 あのレースはびっくりしましたし、興奮しましたね。榎木くんには、シード権を獲得したとき、「ここからトップスリーまで持っていくのが大変だぞ!」という話をしていたんですけど、アドバイスすることがなくなっちゃいました(笑)。

――具体的にどこが勝因でしたか?

川嶋 うまく流れをつかみましたね。往路で流れに乗って、復路も余裕を持たせるなかで快走。箱根駅伝で勝つパターンでした。流れをつかむのが大変なんですけど、それをサラッとやった感じがして、ちょっと悔しい気持ちもありました(笑)。

――この快進撃はチームにとって大きな自信になったと思いますが、一方でプレッシャーになった部分もあったのではないでしょうか?

榎木 それまでは上を目指すなかでのチームづくりをしてきたんですけど、総合2位になってからは周囲の目も変わってきましたし、選手たちにも「準優勝したチームなんだ」という意識が出てきました。そこは就任当初と大きく変わったところです。

川嶋 箱根駅伝直後は、にぎやかにやっていましたけれども、いつまでも勝利の余韻に浸っているような雰囲気はありませんでした。浮き足立つこともなく、堅実に進んでいる様子を見て、感心しました。

――しかし、その年(21年)の6月、「全日本大学駅伝関東地区選考会」(全日本予選)では14位に沈みました。

榎木 全日本予選の敗退がターニングポイントになりました。川嶋さんがおっしゃるように、私も「5年かけてじっくりとチームづくりをしていけばいい」との青写真を描いていたのですが、思いがけず就任2年目で結果が先に出てしまった。「準優勝のチームだから、次は優勝だろう」と思われがちなんですけど、「通過は確実」と言われていた全日本予選で惨敗して「自分たちの実力はこんなもんなんだ」との厳しい現実を突きつけられました。そこから選手たちの取り組みが変わっていったのです。

――今年(22年)4月の「日本学生個人選手権」1万㍍では葛西潤選手と嶋津雄大選手がワン・ツーを飾り、チーム初となる「FISUワールドユニバーシティゲームズ」代表に内定しました(※大会はコロナウイルス感染拡大のため延期)。

榎木 今季はようやく、いろんなことが少しずつ噛み合ってきたと感じています。二人がユニバ代表を決めたときは、もうひとつ上のレベルに成長できたかなと思いました。

――そして、同年6月の全日本予選は、学生駅伝経験者の4年生(葛西潤、緒方貴典、濱野将基、新家裕太郎、松田爽汰)を外した中で、見事に本戦出場を勝ち取りました。

榎木　全日本予選は葛西、嶋津のどちらかがいなくてもトップ通過を目標にやってきましたので、3位という結果は課題も残ったと思います。

学生三大駅伝すべてに出走

――創価大学は今季初めて学生三大駅伝にフル出場します。まずは出雲駅伝（10月10日）ですが、初出場した昨年（21年）は3区のフィリップ・ムルワ選手が区間賞の快走で2位に浮上しました。

川嶋　出雲駅伝は6区間（45・1キロ）しかないので、先手必勝ですね。戦力を考えると、前半はトップ争いができるでしょう。

榎木　今年も前半は先頭付近で行けると思うので、あとは4～5区をどうしのぐのか。アンカーにもう一人、大砲を置けるような布陣が組めれば、トップスリーは狙えると思っています。駅伝で先頭を走るほど気持ちいいものはないので、多くの選手に味わってほしいですね。

川嶋　たしかにそこは大事なところだし、優勝争いをすることでチームの勢いが変わってきますからね。

――初出場となる全日本大学駅伝（11月6日）は、どんな戦い方がいいのでしょうか？

川嶋　駅伝は先手必勝がセオリーですけど、全日本（8区間＝106・8キロ）は終盤に長い区間があるので、区間配置が難しい。監督の力の見せどころです。

榎木　全日本は初挑戦なので、まだイメージできていないんですけど、前半の4区までに主力を二人ぐらいは使わないといけないかなと感じています。前回は留学生を入れた3区でトップに立った東京国際大学がそのまま行くかと思いきや、駒澤大学と青山学院大学が後半に上がってきて1位、2位でした。私も区間配置がいちばん難しい駅伝だと思います。

川嶋　本当に難しいですね。終盤に残しておくよりも前半に使ったほうが流れには乗りやすいけれども、迷うところですね。いずれにしても、全日本の経験が箱根につながる。監督も区間配置と、その結果に対しての反省が出てくると思います。

――少し先になりますが、箱根駅伝についてはどうでしょうか？

川嶋　戦力を考えると前回王者の青山学院大学が少し抜きん出ている感じはします。ただ山がどうなるのか。近年は実力が拮抗しているので、観ているほうはおもしろいですし、戦い方も以前とはちょっと違う感じがしますね。力のある大学がたくさんあるので、どうなるかわかりません。

――前々回の5区を区間2位と快走した三上雄太選手が卒業した現在、山上りの候補は出てきていますか？

榎木　候補はいますが、本番

でしっかりと力を発揮できるのかを見極めないといけません。「山の神」と呼ばれるようなスペシャリストが出てきてくれるといいのですが……。夏合宿で適性をチェックして、早い段階からシミュレートしながら選手強化をしていきたいと思っています。

——川嶋さんは東洋大学の監督時代に柏原竜二選手を育成しました。どのように指導されたんですか？

川嶋　柏原くんは上りが別格で、走力も1年のときから学生トップレベルでした。当時は5区が最長区間だったんですけど、不安はまったくなく、前回の区間賞に匹敵する走りが期待できるような感じだったんです。彼が1年生で大活躍した後、「どう対策しますか？」と尋ねられた他大学の監督が「卒業を待つしかありません」と答えたくらい強かったですよ。

榎木　柏原くんみたいな選手がいるといいですよね（笑）。あれだけ強い選手が5区に控えていれば、1～4区の選手も攻めきれると思います。そういう安心感がチームにあると大きいですよね。

箱根駅伝で4年間5区を走り、「山の神」と呼ばれた東洋大学・柏原竜二選手。第87回大会では早稲田大学・猪俣英希選手とデッドヒートを繰り広げた（2011年1月2日）

選手との対話を重視し最高のチームづくりを

——箱根駅伝では総合優勝を狙っているんですよね？

榎木　はい。総合優勝を目標にしています。就任当初は、私がこんなことを言うと、「この人は何を言っているんだろう？」と思われたはずですが、いまはそういう発言を堂々とできますし、選手たちも覚悟を持ってチャレンジしています。

——チームの現状はいかがですか？

榎木　タイムは上がってきているんですけど、駅伝で単独走になったときに一人でも攻めきれるのか。そういった強さを求めていきたいです。毎年、夏ごろから現状での区間配置を考えるんですけど、夏合宿終了時に総合2位のときは、シミュレートした区間配置が10区以外はハマッたんです。こうしたイメージがバチッと合ってくれれば、優勝争いができると思っています。

——6月下旬には新しく「白

馬寮（ばりょう）」が完成しましたね。

榎木　すばらしい環境を整えていただき、ありがたく思っています。

――川嶋さんは寮をご覧になってどんな感想をお持ちですか？

川嶋　寮内の多目的室には充実したトレーニング機器があって、高圧高酸素ルームと低圧低酸素ルームまで完備している。競技者としては幸せな環境です。選手は、これを当たり前だと思ってはいけませんね。期待されているわけですから、しっかり結果で返していくことが大切だと思います。

――創価大学は「入学してからの伸びしろが大きい」と、育成力にも注目が集まっています。指導するときに心がけていることはありますか？

榎木　就任当初は学生を初めて指導するということもあり、どちらかというと彼らの話を聞くことを重視してきました。でも、どんどん結果が出てきて、選手たちの目標が上がってくると、こちらの求めるものも高くなってきます。ですから、「選手に厳しい言葉で接していないか」と、気をつけています。今後、チームが強くなっていくために指導方法も変えていく必要があるのでしょうか。

川嶋　学生は指導者の言葉に敏感（びんかん）です。言葉の使い方ひとつでスイッチが入ることもあるし、ちょっとした言い回しで印象が変わってきます。ただ、結果が出ないときにいちばん悔しいのは選手だから、「監督は自分のことを信じてくれている」ということが伝わればいいんじゃないのかな。選手をどう成長させるのか。大学の指導者は選手との対話を大切にして、そこから生まれるものを大事にしてほしい。それが選手のモチベーションになり、チームの雰囲気になっていくわけですから……。

榎木　ありがとうございます。川嶋さんのアドバイスを参考にさせていただき、選手たちの目標である箱根駅伝の総合優勝に向けて、チャレンジしていきたいと思います。

完成まもない白馬寮を訪問した川嶋氏と歓迎する榎木監督

月刊「潮」2022年10月号の記事を転載。（この対談は2022年7月13日に実施）

徹底紹介！新・白馬寮

全部見せます！

ナビゲーター
寮長 市原利希也

2022年6月、創価大学にほど近い八王子市の谷野街道沿いに、駅伝部の新たな牙城、白馬寮が完成した。

白馬寮にようこそ！

エントランス

正面玄関には木彫りの表札が掛けられている

［葛西班］左から、家入勇翔、山森龍暁、溝口泰良、石川由香、葛西潤、若狭凜太郎、野田崇央

玄関脇の下駄箱には、1人3足ずつ入れられる

玄関を入ると、正面に飾られた襷とユニフォームの額が目に飛び込んでくる

［本田班］前列左から、森下治、安達隆志、後列左から、清川咲、中村拳士郎、本田晃士郎、小暮栄輝、桑田大輔

下駄箱前の手洗い場で、手洗い・消毒を欠かさずに

多目的室

選手たちが日々、汗を流すのは、人工芝を敷き詰めた空間に最先端のトレーニング機器が設置されている多目的ルーム。併設されたマッサージルームでは、専属トレーナーによるケアが受けられる。

低酸素ルーム

幅2.0m、高さ2.3m、奥行き4.8mの「低圧低酸素ルーム」では、標高2500～3000mの高地環境に設定した高地トレーニングができる。ここには自走式トレッドミルやスマートバイクが設置され、アプリを使って世界のユーザーと実走やレースをすることが可能。コースに合わせ自動で負荷が変わる。

［松田班］前列左から、西森燎、嶋津雄大、野沢悠真、後列左から、有田伊歩希、松田爽汰、吉田悠良

高酸素ルーム

「高圧高酸素ルーム」は高濃度の酸素を体内に取り込むことで疲労の超回復が可能になる。

［片岡班］前列左から、石橋さくら、山下蓮、後列左から、久光康太、片岡渉、中村智哉

徹底紹介！
新・白馬寮

［新家班］前列左から、諸石明日花、リーキー・カミナ、フィリップ・ムルワ、新家裕太郎、後列左から、石丸惇那、吉田凌、榎木真央、望月遥平

マシーンやバーベルを使ったり、重力を利用したファンクショナルトレーニングなど、新しいトレーニングができることによって、競技力の向上が期待できる。

中庭

［緒方班］前列左から、竹田康之助、緒方貴典、後列左から、上杉祥大、岩﨑勇斗、甲斐治輝、藤ノ木丈、志村健太、高木真弓

人工芝が敷き詰められた中庭は気持ちのいい空間。アスレチック用のリグも設置され、ストレッチやトレーニングができるほか、芝生の上はみんなのくつろぎのスペースにもなっている。

中庭の鉄棒は
補強トレーニングに最適だよ

僕の部屋を見せちゃいます

すべての部屋のバルコニーは中庭に面しているので、日当たりも最高！

洗濯室

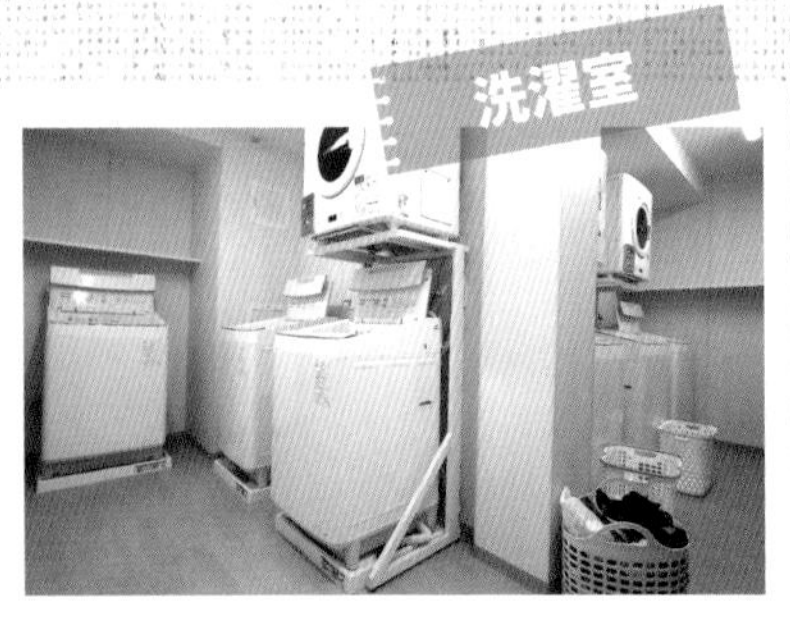

2階と3階には、それぞれ洗濯機と乾燥機を備えた洗濯室があり、毎日フル稼働！

合宿室

体験入部にきた高校生などが泊まれるように、3階には合宿室も完備。2段ベッドが4台設置されている。ほかにもバス・トイレ付きのゲストルーム（個室）が3部屋ある。

居室

部員たちは10畳の部屋に2人ずつ居住している。ロフトベッドの下にはゆったりした収納スペースがあってとっても便利！

部屋の中央は共有スペース。両サイドには学習机が置かれ、クローゼットを備えたロフトベッドはカーテンで仕切ることが可能で、プライバシーに配慮している。

［市原班］前列左から、安坂光瑠、三坂佳賞、樋渡雄太、後列左から、横山魁哉、吉田正城、梶原優利、市原利希也

浴室

僕が手作りしたよ

「湯風呂」「炭酸風呂」「水風呂」のそれぞれの温度がわかるように市原寮長がみんなのために作成した「只今の風呂の温度」

シャワールームも完備。

心身をリラックスできる浴室には、通常のお風呂のほか、疲労回復効果のある炭酸風呂とアイシングができる水風呂の3種類がある。

炭酸泉装置も導入し、いつでも炭酸風呂に入ることができる。

雨に濡れても安心！

靴乾燥室

浴室の隣にある靴乾燥室は、裏口から入ってすぐ。雨で濡れた状態で帰ってきても安心だ。

設計・施工／旭化成ホームズ株式会社　電気・給排水設備、映像通信設備／株式会社ライクス
空調設備／日立空調ソリューションズ株式会社　昇降機設備／株式会社日立ビルシステム

大きな窓に面した窓際のカウンターテーブルは、明るく広々としていてカフェのような雰囲気。

夕食タイムは6時半から8時まで。基本は米飯だが、たまにパスタの日もある。夕食時はサラダバーが常設。各自がバイキングスタイルで野菜を好きなだけ摂ることができる。

明るく居心地のいい食堂では朝と夜、栄養バランスの取れた食事が提供される。できたての温かくておいしい料理は選手の元気の源だ。

おいしくて
食事の時間が
待ちきれない！

朝食タイムは7時半から8時半まで。米飯やうどんのほか、週1回登場する焼き立てパンは選手にも大好評！

"おいしさ"と"ヘルシー"を両立した料理を提供　株式会社LEOC 調理師 青木裕展（ひろのり）さん

駅伝部の朝晩の食事は、株式会社LEOC（レオック）の管理栄養士や研究開発チームが考案（こうあん）したレシピや調理法で、現場の専属調理師が提供している。

新・白馬寮の食堂は**ウォーマー**（熱々（あつあつ）で保温する機械）を備えた対面キッチンになったことで、より温かい状態での料理の提供が実現した。

「旧寮ではあらかじめ調理した料理を保温して提供していましたが、ここでは、その場で調理して温かい状態で食べてもらうことができています。うどんなどは、学生さんが目の前に来てから茹（ゆ）でたてをお出ししています。同じ材料を使った料理でも、茹でたてと保温されたものは全然違いますので、とても喜んでいただいております」

また、栄養バランスとおいしさを追求し、「**低温調理**」ができる器具を導入。

「厚みのあるローストポークなども低温で6時間加熱することによってしっとり仕上がり、旨味（うまみ）を逃（に）がさないのです」

徹底紹介！
新・白馬寮

奥にあるフリースペースには、電子レンジや調理器具、各自の持ち込んだ調味料などが置かれ、休日や長期休暇にはランチを自炊することも可能。

食堂に設置された2台の大型モニターはオンラインミーティングにも活用される。

ホール

［濱野班］左から、弓指瑛美梨、山下唯心、濱口直人、濱野将基、岩本信弘、石井大揮、黒木陽向

ガラス張りでとっても明るい空間だよ

２階と３階のホールはコミュニケーションの場。自主トレやおしゃべりをしたり、ゲームを楽しむことも。

温度センサーで温度を感知するだけでなく、肉の中心温度も管理できるため、安全性もクリアできる。さらに、特筆すべきは「**無水調理**」の設備だろう。

「食材の水分のみで調理することによって、旨味が凝縮した料理ができています。なかでも、無水のカレーライスは学生さんに大人気です。駅伝部の場合、食事の量が多くならないように調整しており、なかなかカレーの提供ができませんでしたが、無水だと通常のカレーの¼程度のエネルギー量に抑えることが可能なのです」

このほか、「**急速冷却**」や「**真空調理**」の設備も充実。栄養素や旨味を逃がさないだけでなく、通常よりも少ない調味料でしっかり味を染み込ませることで、塩分やエネルギー量を抑えられるのだという。

「最新の機械を導入したことで、いままでできなかったレシピのご提供が可能になりました。学生さんが喜んで食べてくれている姿が見えるのはやはり楽しいですね。これからも〝食のサポート〟を通して駅伝部の活躍を応援していきます」

地上3階建ての白馬寮。1階には食堂や多目的室、浴室、靴乾燥室のほか、マネージャールーム、スタッフルーム、会議室などがあり、2階と3階は選手たちの居室になっている。

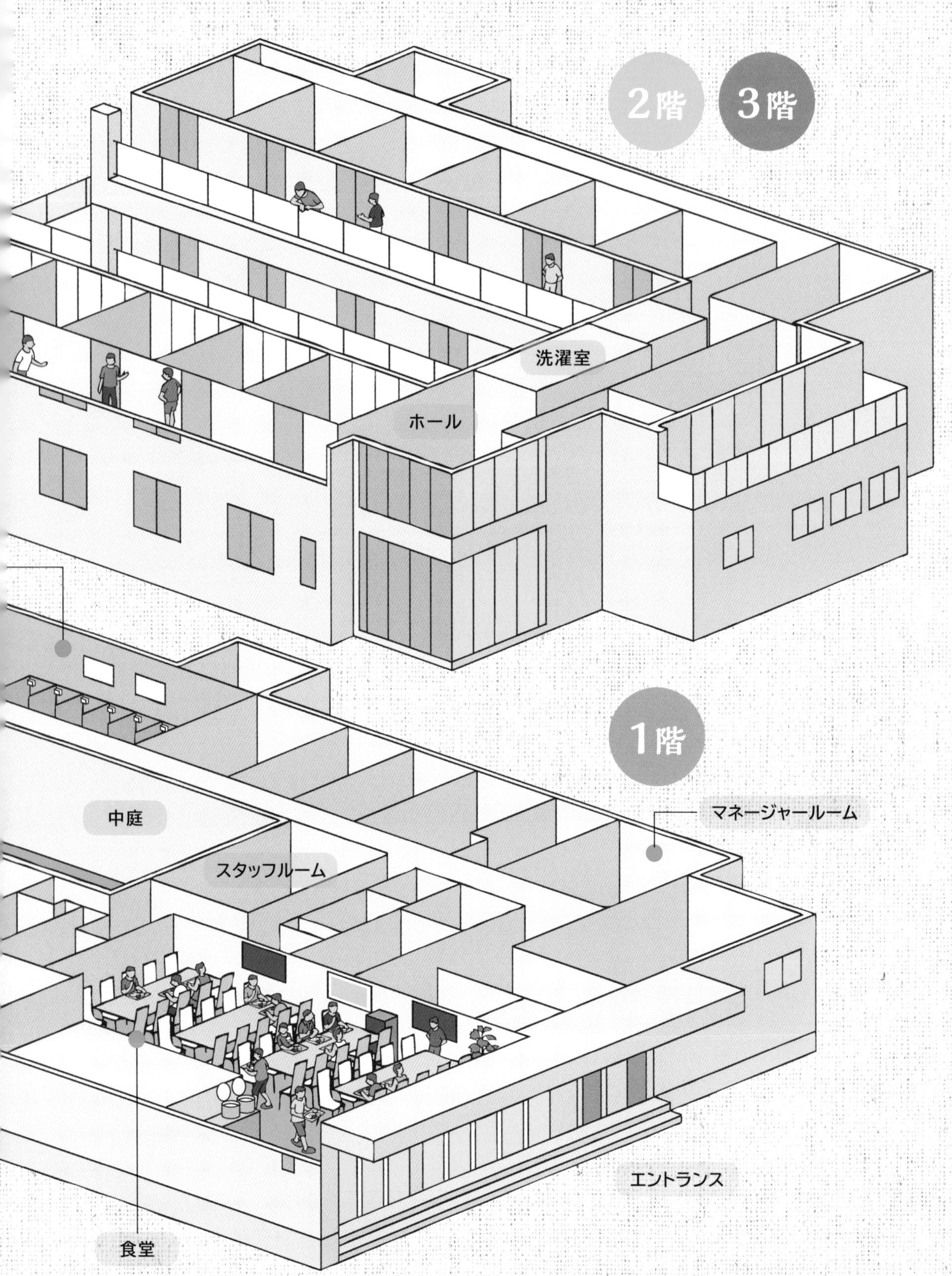

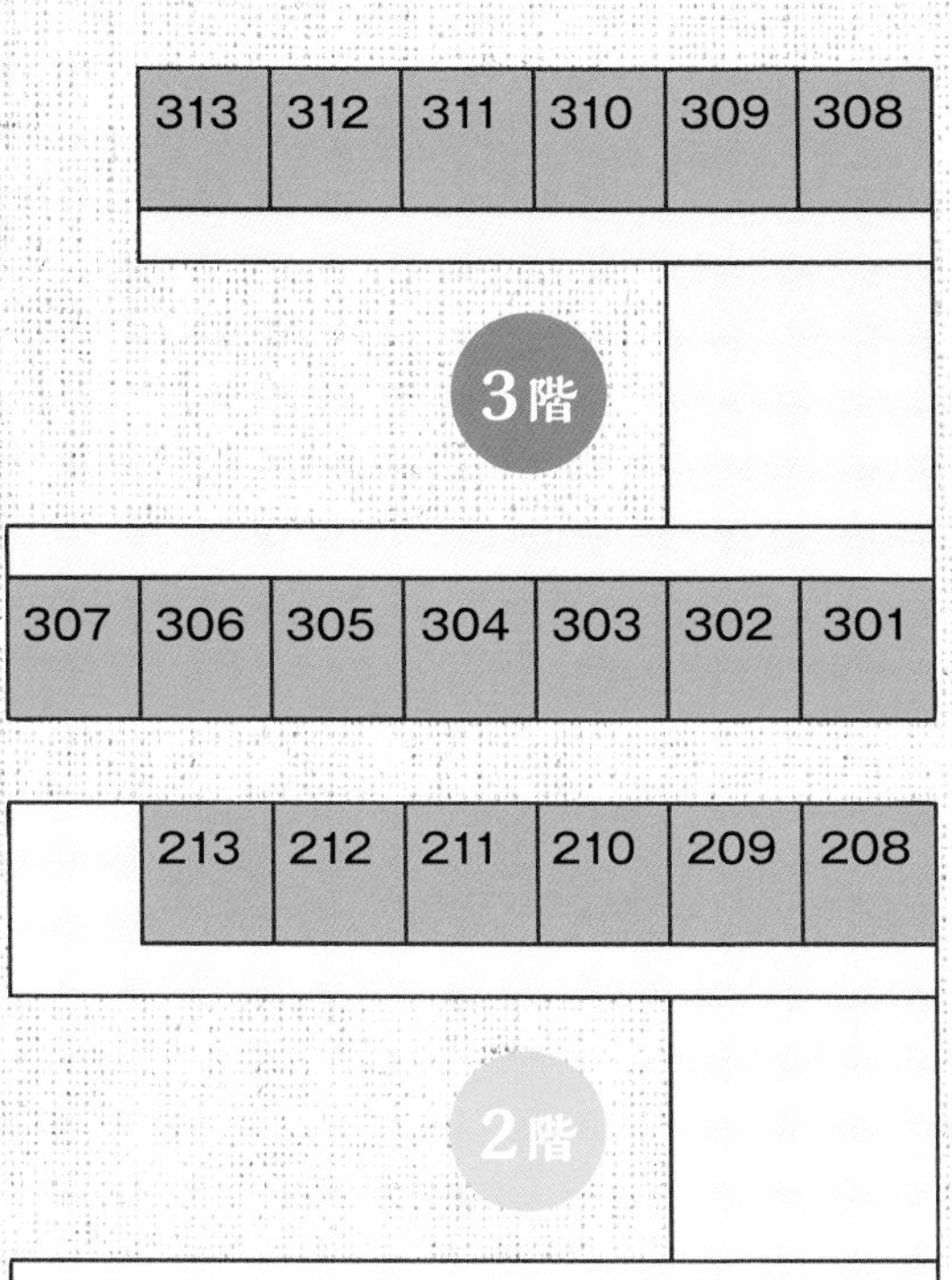

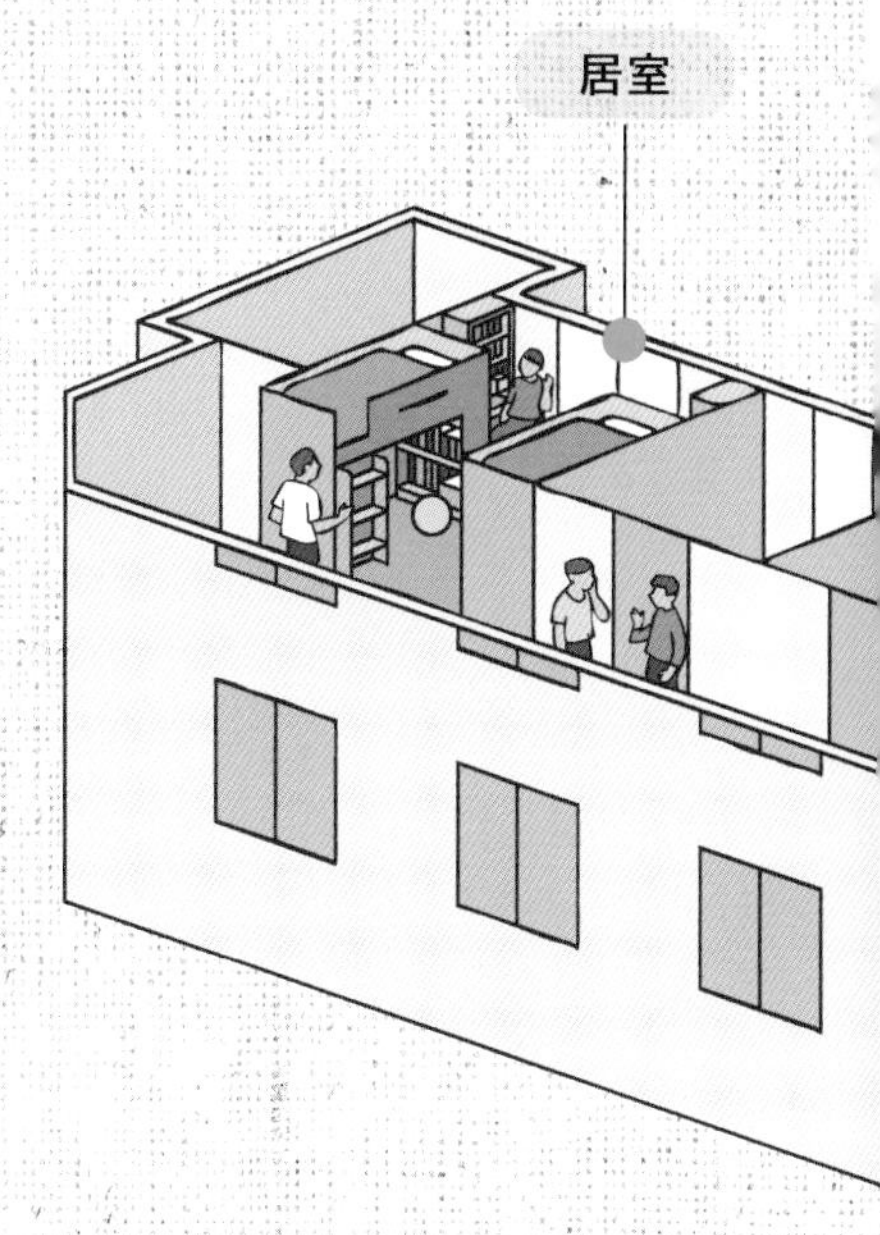

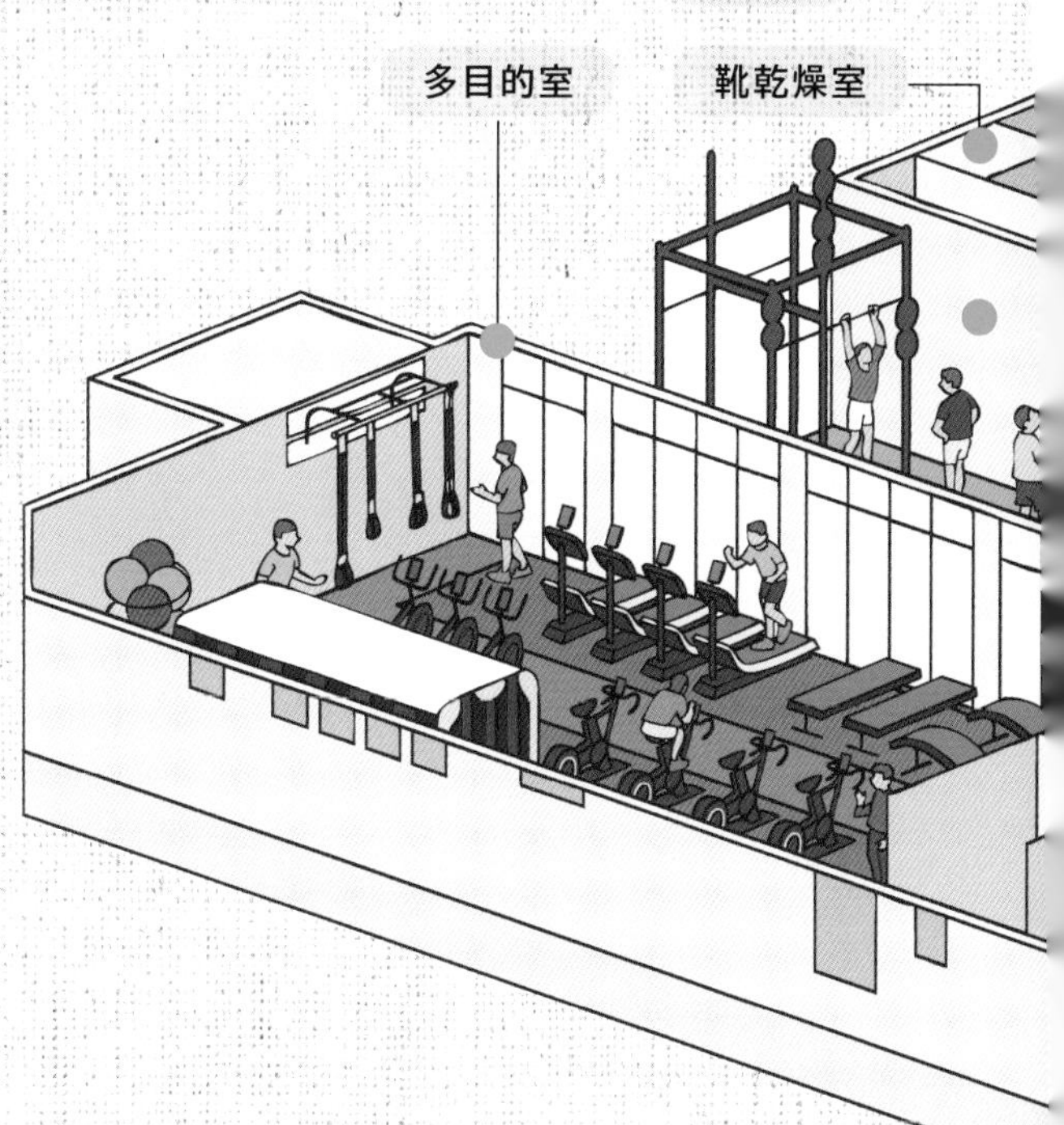

部屋割り Room allocation

1部屋に2人ずつ。部屋の組み合わせは8つの縦割り班の中で相談し、部屋の場所はくじ引きで決定した。

新・白馬寮マップ

寮生活は大切な人間教育の場

COLUMN

白馬寮の寮監を務め、学生たちと一緒に暮らす瀬上雄然総監督は、彼らの勉学の状況も気にかけている。「レポートの提出が滞っている」「単位が予定通り取れていない」、ましてや、「大学卒業が危うい」となれば、競技に集中することができないからだ。就職活動においても同様である。

「駅伝部では〝就活週〟という時期を設けてくれています。すごく丁寧に『練習の質を落としてもいいから、就活を頑張れ』とスタッフが声をかけてくれるので、安心して就職活動にも集中できました」（本田晃士郎副主将）

また、寮生活においては、ごみの捨て方なども徹底している。

瀬上総監督の前職は、授産施設＊の職員。そこでの訓練のひとつに空き缶のリサイクルがあった。

班ごとに割り振られた掃除当番表とチェックリスト

寮監の瀬上総監督

空き缶一つひとつを手で潰していくのだが、中身が汚れていると作業をする人の手がベトベトになってしまう。

「学生たちには、空き缶や空き瓶はラベルを剥がして、中まできれいに洗って捨てることを徹底していますし、なぜ、そうしなくてはいけないかという理由も伝えてきました。そこにはいない、見えない人たちのことも〝思いやる心〟を育んでほしいからです」

いまでは上級生がその想いを汲み、入寮してきた新1年生に「何のため」という目的を伝えながら、「中身も洗ってきれいにするんだよ」と、空き缶の捨て方を教えている。先輩から後輩へ、人間教育の伝統が受け継がれている。

「競技だけでなく、生活の面倒までしっかり見ないといけません。それは、選手を預けてくれた保護者や高校の先生方の期待に応えたい、〝創価大学に送り出してよかった〟と安心してもらいたいからです」（瀬上総監督）

榎木和貴監督も、常々、「練習だけやっていれば走れるわけではない。生活も含めて競技と向き合う覚悟が必要なのだ」と学生たちに教えている。

スカウトに長く携わってきた瀬上総監督をはじめ、榎木監督、久保田満コーチなどのスタッフは、学生たちの卒業後の活躍を見据え、人生の勝利者たることを願いながら、日々、一人ひとりとかかわっているのである。

＊さまざまな障がいのある人たちに就労や技能修得のために必要な機会を与え、自立を支援する施設。

春夏秋冬
フォトダイアリー

創姿顕心 ―強さの証明

2022年度のスローガンは
「創姿顕心―強さの証明」
榎木監督の座右の銘でもある
「走姿顕心」（走る姿にその人の心が顕れる）
という言葉の意味を踏まえ、
「感謝の心や仲間と共に勝ちにこだわる心を、
熱く力強い走りに顕していこう」
「人間力を鍛え、創価らしい走りをしよう」
との決意を込め、皆で意見を出し合って決めた
スローガンである。
この1年、一人ひとりが高い意識を持ち、
チーム一丸となって「強さの証明」を追求していく。

箱根駅伝 エントリー発表

「この1年の成長を踏まえて、箱根駅伝のエントリーメンバーを発表します。4年生から、三上雄太、嶋津雄大……」

張り詰めた空気のなか、榎木和貴監督の声が響く。

2021年12月7日、旧・白馬寮では、第98回箱根駅伝の登録選手を発表する全体ミーティングが行われていた。

「前回の箱根駅伝の実績、夏合宿、試合の結果、練習をずっと見てきました。箱根でスタートラインに立ったときに戦えるかどうかという視点で、この16人を選びました」

榎木監督の丁寧な説明が続く。

この日は、登録を外れた選手たちが箱根駅伝でサポートに徹することになる瞬間でもあり、それぞれに複雑な思いが交錯する。この瞬間を久保田満コーチは見逃さなかった。

「16人は、選ばれた理由を一人ひとり説明ができます。選ばれなかったメンバーは、落ち込んでいる場合じゃない。力が不足しているところを認めて、それを補える取り組みをしていこう」

選手たちの成長を信じ、力をこめて語りかける久保田コーチ。この言葉で、選手全員の心がひとつになっていく。

「みんなだったら絶対できます。自信をもって、全員で箱根駅伝3位以上達成目指して、頑張りましょう」（榎木監督）

この日のミーティングは、次なるステップへのスタートになった。

静岡・島田での強化合宿

12月9日から箱根駅伝の登録選手16人と育成枠数人による強化合宿が静岡・島田で行われた。

この合宿を経て、箱根路を駆け抜ける10人が選ばれる。16人は、榎木監督が言うとおり、全員が箱根で戦えるメンバーだ。だが、10人の枠に入るためには、箱根駅伝当日に最高のパフォーマンスを発揮できることを示さなければならない。

とくに怖いのがケガだ。ケガを負ってしまっては、あの過酷な箱根路に挑むことはできない。

合宿をベストコンディションで乗り切り、まさに「強さの証明」ができるかどうか、9日間にわたる熾烈な競争が繰り広げられていった。

▼年末ミーティング

12月28日、旧・白馬寮のミーティングルームは、戦いを目前にした静寂が漂っていた。選手たちが続々と集まってくる。翌日の区間エントリーを控え、全体ミーティングが始まった。

「1区、葛西潤、2区、フィリップ・ムルワ……10区、松田爽汰」

区間発表を終えると、榎木監督は自身が想定する各区間の戦略を細かく伝える。そんななか、悔しさに涙する選手がいた。来年度の主将に選ばれていた緒方貴典（3年）だ。

「島田合宿で故障してしまって、3区か9区を走るつもりだったのですが、自分の詰めの甘さがでました」

緒方は前月（11月）14日の「世田谷246ハーフマラソン」で63分01秒の4着、続く11月28日、「東海大学長距離競技会」の1万メートルでも28分42秒の記録を出すなど、最も勢いのある選手の一人であり、出走が確実視されていた。

「2本連続の記録会が自分の身体には、負担だったみたいです。その後フォームを崩したことから、足を痛めてしまいました」

のちに緒方は、箱根駅伝を走れなかった思いを率直に語ってくれた。

「本番もテレビで見ていたんですけど、やっぱり悔しさしかなくて……。あの舞台に立ちたかった、という思いがすごくあります」

選ばれた10人は、緒方のように〝走りたくても、選ばれなかった〟選手の悔しさを痛いほどわかっている。だからこそ、その想いを全部背負って、箱根の舞台に立つのだ。

榎木監督が最後に、選手たちに語りかける。

「周りがどうこうじゃない。自分たちがやってきたことを100パーセント出し切れれば、必ず結果につながる」

総合3位以内を目指す戦略と布陣は整った。あとは1月2日の号砲を静かに、そして熱く待つのみだ。

Special Guest

なべさんの特別勉強会

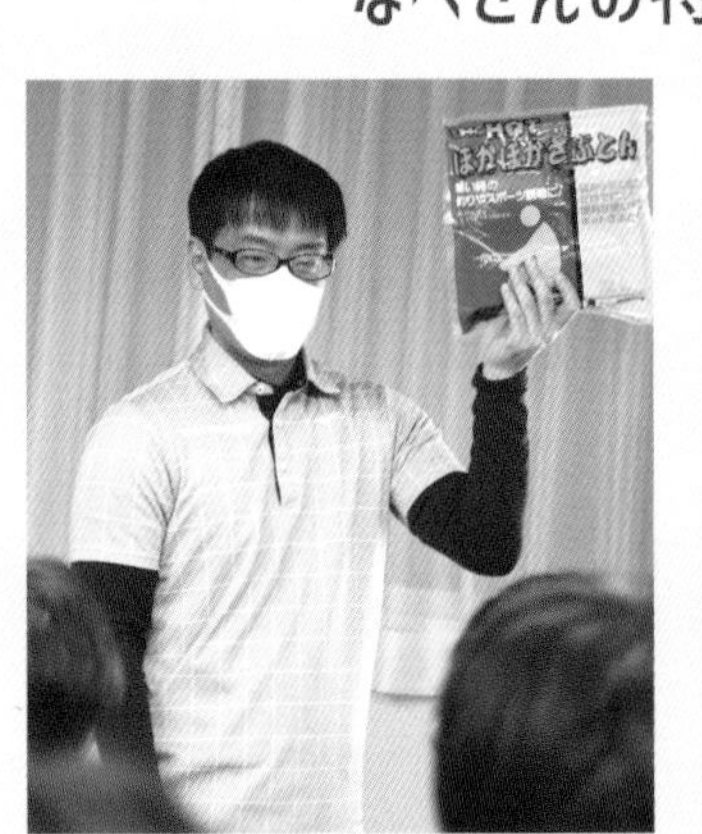

この日のミーティングには、2020年3月まで創価大学駅伝部でフィジカル・コンディショニングコーチを務めていた〝なべさん〟こと、渡部啓太さんがサプライズで登場！かつて、月1回のペースで開催していた「なべさんの勉強会」が一夜限りで復活し、詳細なデータや動画を駆使して、選手たちにエールを送った。

勝利への誓いを込めて襷に名前を書き入れるエントリーメンバー

[ルポ] 箱根駅伝ドキュメント

苦しみの果てに見えてきた進化と課題。

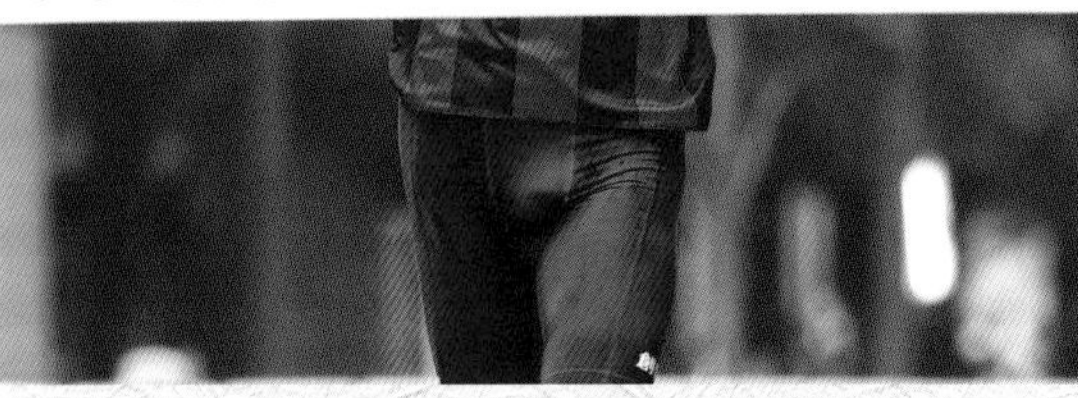

10区を激走し、7位でゴールしたアンカーの松田爽汰
（1月３日 大手町）

「前回総合２位」のプレッシャーを見事に跳ねのけ、３年連続シード権を勝ち取った創価大学駅伝部の激走に迫る。

赤と青のプライドが箱根路で揺れた

２０２２年１月２日の早朝、静寂に包まれた大手町の一角に緊張感がみなぎっていた。朝８時、オフィス街に号砲が鳴り響く。第98回箱根駅伝がスタートした。

創価大学の１区は葛西潤（３年）。前回３区を区間３位と快走するも、今季は左足底の故障に、もがき苦しんできた。本格的な練習ができるようになったのは10月から。一時は箱根をあきらめかけた男が、集団のなかで不安と自信を交錯させていた。

レースは中央大学・吉居大和（２年）が積極的に引っ張り、５キロ㍍を14分07秒で

朝8時、一斉にスタートした1区の選手たち。センターが創価大学の葛西潤（1月2日 大手町）

通過する。「このペースで行ったらきつい」と葛西は感じていたが、吉居は5・5キロ㍍付近で抜け出すかたちになり、残りの20人が第2集団を形成した。その後は、「身体が動いてきたので、自分でリズムを作って主導権を握ったほうがいいかな」と葛西は前を引っ張った。

2位集団の10キロ㍍通過は28分29秒。高速レースにさすがの葛西も苦しくなる。16キロ㍍過ぎから徐々に離されていくなかで、「残りの距離と体力を考えながら、一秒でも速く渡せるように考えて走りました」と身体と頭をフル回転させて箱根路を駆け抜けた。

葛西は今季の創価大学を象徴するような選手といえるだろう。

創価大学は前回の箱根駅伝でセンセーショナルな戦いを演じた。4区嶋津雄大で首位を奪うと、その後は143キロ㍍以上もトップを独走。過去3回しか出場していないチームが初めて往路を制して、総合2位に輝いたのだ。

しかし、今季は苦しい戦いが続いた。6月の「全日本大学駅伝関東地区選考会」（全日本予選）でまさかの落選。初出場となった10月の出雲駅伝は7位に入るも、榎木和貴監督のイメージした通りにチームは結果を残すことができなかった。

それでも秋が深まってくると、チームは一気に調子を上げていく。11月の1万㍍レー

 取材・文／酒井政人（スポーツライター）

区間2位と好走した2区のフィリップ・ムルワ

スではフィリップ・ムルワ（3年）が創価大学記録を更新する27分35秒29、嶋津が28分14秒23をマークするなど好タイムが続出。箱根駅伝登録選手の1万㍍上位10人の平均記録は前年を約30秒も上回る28分35秒81で5位につけていた。葛西は11月28日の「東海大学記録会」を28分43秒40の自己ベストで走り、復活をアピールしていた。

しかし、箱根駅伝の戦いは甘くなかった。夏合宿で距離を踏めなかったこともあり、終盤にペースダウン。それでも2位駒澤大学と1分02秒差の15位につけた。

「準備期間が少なくても、同じ土俵に立ったからには勝負しないといけません。10～20秒速く走りたかったという気持ちはあるんですけど、スタートラインに立たせてもらったことに感謝しています」

葛西が赤と青の襷を必死でつなげると、数えきれないほどのドラマが展開されていくことになる。

ムルワと嶋津 2人のエースが激走

終盤に約3キロ㍍の急坂が待ち構えている2区は前年に続いてムルワが担った。前回は区間6位に終わり、その悔しさを1年間忘れることはなかった。毎週月曜日は朝に20キロ㍍のロング走を行うと、夕方には旧・白馬寮の前にある約300㍍の上り坂でダッシュ（10本）を続けてきた。その成果を存分に発揮して、6位まで急上昇し、ケニア人留学生が5人出場したなかで区間2位。

「とても寒かったですが、頑張りました。箱根駅伝は楽しかったです。最高！」と、前年のタイムを37秒上回る1時間06分41秒（区間歴代8位）で走破した。

エースで勢いをつけるも3区桑田大輔（2年）が苦戦する。出雲駅伝では5区を区間7位と好走しているが、箱根独特の雰囲気に飲みこまれた。区間17位に沈み、11位まで順位を落とした。

「目標タイムから30秒ほど遅れて、順位を下げてしまいました。悔しい走りとなりましたが、自分のなかでは100㌫の力を出し切れたと思うの

潮風の吹く平塚中継所で3区・桑田大輔から襷を受け取り、勢いよく飛び出した4区の嶋津雄大

でそこだけは胸を張りたいです」

後輩の頑張りを日本人エースの嶋津雄大（4年）が無駄にはしなかった。順天堂大学、国士館大学、法政大学を抜き去ると、6キロ㍍過ぎには中央大学をかわして7位に浮上する。さらに駒澤大学も逆転して5位まで順位を押し上げた。最後は4位の帝京大学と激しく争い、1時間01分08秒で区間賞を獲得。前年のタイムを1分41秒も上回る区間歴代3位の快走を見せた。

「前回は日本人トップの区間2位。連続区間賞を逃したので、今回は絶対に区間賞を獲るんだという気持ちで臨みました。トップで渡せなかったのは悔しいですけど、自分らしい走りを貫くことができたと思います」

山に挑む5区は前回区間2位の走りで往路Vゴールに飛び込んだ三上雄太（4年）。3区でトップに立った青山学院大学の背中は見えなかったが、2位の東京国際大学とは1分15秒差。チーム目標の「3位以内」を目指すには絶好のポジションにいた。2年連続で区間賞を獲得することになる帝京大学・細谷翔馬（4年）に食らいつくも、これがオーバーペースになった。

「力んで入ってしまい、自分のなかで走りが噛み合わない状態が続いたんです」と三上。細谷に引き離されると、雪が残る箱根山中で順位を落としていく。苦しさのあまり、「途

「激坂最速王決定戦2020」で優勝した経験を持ち、1年前には往路優勝のフィニッシュテープを切った主将の三上雄太が全力で5区の山上りに挑む

中棄権してしまうんじゃないか」という悪夢が何度も頭をよぎった。途中、法政大学にも追いつかれたが、終盤は力がよみがえってきた。

「法政大学の選手と走っているうちに、自分の走りがまとまってきたんです。往路のゴールで（副将の）永井が待っている。山頂付近は昨年よりも風が強くて寒さもあったんですけど、無我夢中で走りました」

三上は区間12位で踏ん張り、往路8位（5時間27分44秒）でフィニッシュ。往路を制した青山学院大学は、2位の帝京大学に2分37秒という大差をつけた。運営管理車からレースを見つめてきた榎木監督は往路をこう振り返った。

「1区葛西はスタミナ面に不安があったなかで、よく粘りました。2区ムルワも攻めた走りをしての区間2位。積み重ねてきた練習の成果を出してくれたと思います。3区桑田はもう少し粘ってほしかったですけど、落ち込みを最低限食い止めてくれました。4区嶋津は最後まで攻めて、流れを戻しました。5区三上は3～4キロメートルで〝本来の走りではないな〟と感じたんですけど、途中でリズムを取り戻し、8位で食い止めてくれました。区間順位はよくありませんが、1、3、5区は最低限まとめてほしいタイムはクリアしています」

榎木監督の言葉には選手たちの健闘を称えると同時に、もう少しやれたのでは、という〝悔しさ〟も感じられた。そして復路に向けて、こう言い切った。

「3位（駒澤大学）とは2分10秒。まだまだあきらめるタイム差ではありません。欲張ってオーバーペースにならないように、往路と同じく、自分たちがやってきたことを100パーセント出せる走りに徹してほしい。その結果が目標の3位以内に近づくことになると思っています」

12月9日からは、箱根駅伝の登録選手16人と育成枠数人が静岡・島田で強化合宿を行った。チームエントリーが行われた翌日（12月11日）、現地で取材をしたが、チームの状態はすこぶるよかった。

5キロメートル×4本というメ

ニューを快調にこなしていく。ひとりだけ設定タイムが上のムルワは最後の1本を14分01秒で走破。葛西は1区のハイペースを想定してか、2本目からはムルワに挑戦した。ほかの選手たちはラスト1本を14分23秒で11人が集団でゴールした。新たなシューズを試した嶋津は遅れたが、全体的には抜群の仕上がりを見せていた。

「昨年のラスト1本は14分30秒切りが5～6人はいたと思うんですけど、全体的には14分37秒ぐらいでなだれ込んでくるような感じでした。今年は10秒ぐらい速く、大きな集団でゴールできたので、そこは収穫かなと思います」

榎木監督はチームの状態に手応えを感じていた。メンバー争いは熾烈になっており、ピリピリした雰囲気が漂っていた。そのなかで区間配置について尋ねると、榎木監督は、「往路はほぼイメージできているんですけど、悩んでいるのは3区と7区ですね」と答えた。

その後、出雲駅伝で1区を務めた緒方貴典（3年）が脚の不調で離脱。3区に桑田、7区には出雲駅伝2区で区間10位と振るわなかった新家裕太郎（3年）が入ることになった。

前年に引き続き、2度目の６区で安定した底力を見せた濱野将基

箱根未経験者が底力を見せた復路

往路を8位で折り返した創価大学。目標の3位（駒澤大学）とは2分10秒のビハインドで、シード圏外となる11位（早稲田大学）とは2分20秒差だった。そんな状況のなか、後ろを気にすることなく〝前〟だけを見つめてレースを進めた。

前回は区間7位でトップを軽快に駆け抜けた6区濱野将基（3年）だが、今回は動きが悪かった。芦之湯ポイント（4・8キロ㍍地点）は区間17位の通過で、49秒先にスタートした東京国際大学との差は広がった。

「1・5キロ㍍過ぎできつくなり、焦りました。序盤の上りでペースが上がらず、下りで切り替えて必死に走りました。最後はしっかり絞りだすことができたので、最低限の走りはできたと思います」

7区の新家裕太郎から襷を受け取るルーキーの8区・吉田凌

最終的には前回と15秒遅れの区間9位でまとめて、7位の東京国際大学に20秒差まで接近した。

7区は榎木監督が最も〝不安視〟していた新家裕太郎。9月の日本インカレ5000メートルで8位入賞を果たすポテンシャルがありながら、全日本予選の3組で最下位に沈むなど、本番で実力を発揮できずにいた。しかし、初出場の箱根は違った。

「夏からチームの先頭を走ろうと決めてやってきました。箱根に向けてやることはすべてやってきたので自信を持って走ることができたんです」

國學院大学、中央大学、東京国際大学の3校を抜き去り、5位に浮上。「夢の舞台は走りやすくて本当に楽しいレースになりました」と区間4位の激走に笑顔が弾けた。

8区吉田凌（1年）には前回8区を務めた永井大育（4年）が付き添った。

「凌は自分よりも速いんだから自信を持っていけ」という先輩の言葉に〝勇気〟をもらった。10キロメートルの給水では従兄の吉田悠良（2年）から力水を受け取り、遊行寺の坂を懸命に駆け上がった。

「4年生をはじめとするチームの思いを背負いながら、1秒でも速く走ろうと思いました。3位が見える位置で襷をつなぐことができましたし、走り終わってスッキリしました」

中央大学と東京国際大学に抜かれたが、帝京大学と駒澤大学をかわして5位をキープし、吉田は区間8位と好走。8区終了時で3位（中央大学）まで12秒差に迫っていた。

9区中武泰希（4年）はトップ3を目指して突っ込み、中央大学、東京国際大学と3位争いを展開する。しかし、権太坂の上りで遅れ始めると、その後はペースが上がらない。運営管理車の榎木監督から、「お前が4年間でいちばん練習してきたんだから自信を持って走れ」と檄が飛んだ。

「前半はかなり身体も動いていて余裕があったんですけど、後半は100パーセントのきつさのなかで動かしました。榎木監督の言葉が力になりました」

9位まで順位を落としたが、中武は最後まで気持ちのこもった走りで粘り抜いた。そんな4年生の姿を見て、10区松田爽汰（3年）は静かに燃えていた。10月末の学内ハーフで嶋津と2秒差だったことを自信に、マイペースで攻め込んだ。

「僕は嶋津さん（前々回アンカー）でもなく、小野寺さん（前回アンカー）でもない。自分の力を最大限に出すために、前半は冷静に走って、後半は情熱的に走るつもりでした」

前半は8位の東海大学に差を広げられたが、徐々に迫っていく。14キロ㍍過ぎに東海大学をかわすと、20キロ㍍付近で國學院大学も逆転した。

終盤はアグレッシブな走りを見せて区間5位。総合7位のゴールに飛び込んだ。

今年（22年）の箱根駅伝は青山学院大学が10時間43分42秒の大会新記録で突っ走り、圧勝した。創価大学は目標の3位に1分33秒届かなかったが、10時間56分30秒の戦いにいくつもの〝ジョー〟を見せた。

2日間の激闘を終えた榎木監督は勝負師の仮面を取って、穏やかな表情をしていた。

「総合7位という結果は、目標の3位をクリアできなかった悔しさもあるんですけど、最後まで3位をあきらめずに走り切ってくれた選手の頑張りを評価したいと思います」

まずは選手たちの健闘を称え、復路を駆け抜けた選手たちの走りとこれまでの取り組みを振り返った。

「6区濱野は上りが動かず不安になりましたが、下りに入ってからは、昨年を上回るような走りで取り戻してくれました。7区新家は全日本予選で失敗し、出雲駅伝も不本意な走りで〝今回のチャンスを逃したら次はない〟という覚悟で臨んで結果を出しました。8区吉田も1年生らしからぬ思い切ったレースをしてくれたと思います。9区中武は最初で最後の箱根になりましたが、4年間、本当に努力してくれました。マネージャー（への転向）を勧めた時期もあったんですけど〝箱根をあきら

最初で最後の箱根路を気迫で走り抜いた9区・中武泰希

めたくない〟という思いが中武を強くしたと思います。アンカーの松田は、前回は16人のメンバー争いにも絡まなかった選手ですが、この1年間コツコツと努力を積み重ねてきた結果、チャンスをつかみ取り、区間5位という好成績を残しました」

今回の復路は濱野以外の4人が箱根駅伝初出場だったが、しっかりと結果を残した。これは創価大学というチームが確実に強くなってきている証といえるだろう。終盤までトップスリーを争い、前回の準優勝は決して〝まぐれ〟なんかではない。

主将・三上は今季苦しんだが、前回に続いて出走した葛西、ムルワ、嶋津、濱野の5人は1万mで自己ベストを更新するなど、記録、走り、メンタル面で成長を遂げた。

前回8区の永井、同10区の小野寺勇樹（4年）は選手の付き添いをするなどサポートに徹した。そして、永井や小野寺らを押しのけて出場した新家、吉田、中武、松田は激しいメンバー争いに僅差で競り勝ってきた選手たちだ。

昨年、新家は葛西の給水を、中武は嶋津の付き添いを担当した。「来年は自分が絶対に走るんだ」という強い思いが彼らを大きく成長させた。

「今回走れなかったメンバーは、頑張ってくれた先輩を超えるための努力をしましょう。努力は絶対に裏切りません」

榎木監督の言葉は部員全員の心に突き刺さったことだろう。

箱根駅伝で3年連続のシード権を獲得した創価大学だが、これまで大学に入学してくる選手のレベルは、決して高くはなかった。

走ることのできる喜びと、沿道からの声援を力に変えて、全力で走り抜いた10人のランナーたち

創価大学が見せた育成力と今後の進化

例年、専門誌『月刊陸上競技』は関東有力大学の長距離新入生リストを作成して、チーム上位5人の5000m

平均タイムを算出している。

創価大学は4年生世代が20位、3年生世代が17位、2年生世代が25位、1年生世代が18位。青山学院大学や駒澤大学などの上位校と比べると入学時の5000㍍で20〜30秒もの〝ハンディ〟がある。それでも抜群の「育成力」を発揮。箱根で上位争いできるようなチームを作ってきた。

来季（22年度）は今回のメンバーが8人残る。さらに春に入学する1年生は〝過去最高レベル〟の選手が集まった。今後、チームはさらなる進化が期待できるだろう。

「優勝を目指すチームにしていくには、もっとレベルを上げないといけません。強くなっていくチームと落ちていくチームの境目は今だと思っています。今季の4年生は7人しかいませんでしたが、主将・三上を中心に全員で引っ張ってくれました。来季は今年を超えるいいチームを作っていきたい」（榎木監督）

苦しみの果てに何が待っているのか。今回の創価大学はそのことを肌で実感したはずだ。故障を乗り越えた葛西だけでなく、濱野も夏にはスランプがあった。殻を破った新家がいて、松田は圏外からレギュラーの座をつかんだ。大学5年目を迎える嶋津は、もう一度箱根に挑むことができる。来年はだれがヒーローになるのか。今回、箱根路を走ることができなかった主将・緒方を中心に創価大学はまだまだ強くなる。（文中敬称略）

（学年表記はすべて大会当時のもの）

2022年箱根駅伝　個人記録

区間	区間順位	名前	区間タイム
1区	15位	葛西 潤	1時間02分21秒
2区	2位	フィリップ・ムルワ	1時間06分41秒
3区	17位	桑田大輔	1時間04分02秒
4区	1位	嶋津雄大 ★区間賞	1時間01分08秒
5区	12位	三上雄太	1時間13分32秒
6区	9位	濱野将基	59分04秒
7区	4位	新家裕太郎	1時間03分42秒
8区	8位	吉田 凌	1時間05分46秒
9区	16位	中武泰希	1時間10分47秒
10区	5位	松田爽汰	1時間09分27秒

2022年箱根駅伝順位

総合順位	大学名	総合タイム
1	青山学院大学	10時間43分42秒 ★新記録
2	順天堂大学	10時間54分33秒
3	駒澤大学	10時間54分57秒
4	東洋大学	10時間54分59秒
5	東京国際大学	10時間55分14秒
6	中央大学	10時間55分44秒
7	創価大学	10時間56分30秒
8	國學院大学	10時間57分10秒
9	帝京大学	10時間58分06秒
10	法政大学	10時間58分46秒
11	東海大学	10時間59分38秒
12	神奈川大学	11時間00分00秒
13	早稲田大学	11時間00分03秒
14	明治大学	11時間00分28秒
15	国士舘大学	11時間03分06秒
16	中央学院大学	11時間07分33秒
17	日本体育大学	11時間11分11秒
18	山梨学院大学	11時間11分21秒
19	駿河台大学	11時間13分42秒
20	専修大学	11時間15分09秒
参考	関東学生連合	11時間00分25秒

▼新チーム始動

箱根駅伝を終えた2022年1月、新主将に緒方貴典（新4年）、副主将に本田晃士郎（同）、寮長に市原利希也（同）が就任した。

緒方は、主将の重責を担うにあたって、肩肘を張ることなく自分らしく務めることを心に期していた。

「（歴代主将の）築舘陽介さん、鈴木渓太さん、三上雄太さんは、何でも言い合える風通しのいいチームを作ろうとされてきました。なので、自分も変なプライドを持たずに、皆と話すようにしています。チームの状況を正確に把握することと、チームの雰囲気をよくすることを意識して主将としての仕事を始めました」

こうして緒方を中心として、新たなチームが本格始動した。

箱根駅伝で3年連続シード権獲得の勢いのまま、1月の「大阪ハーフマラソン」では、小暮栄輝（1年）が1時間2分42秒の記録を出し、創価大学のハーフマラソン日本人歴代最高記録を更新した。

「箱根駅伝でエントリーされたものの、走ることができなかったのは悔しかったですし、（1カ月後の）大阪ハーフで記録を出せたことで一層、悔しさが増しています。でも、もし、自分が箱根を走っていたら……と思うと、ワクワクする気持ちもあります。だから、来年の箱根駅伝こそは絶対に勝ち取りたい」（小暮）

2月26日には、葛西潤（4年）が福岡市の海の中道海浜公園で行われた「日本選手権クロスカントリー」男子10キロメートルに出場。実業団選手も数多く出場するなか、28分51秒で、東京五輪5000メートルに出場した松枝博輝（富士通）に次いで準優勝を飾った。

「松枝選手とはタイム差は5秒差でしたが、タイム以上に実力差を感じました。タイム差では〝あと少し〟という感じだと思うんですけど、個人的には、走りながらまだまだ遠いと感じていました」（葛西）

冬から春へ――。一人ひとりが箱根駅伝を飛躍台として自身の限界に挑戦し、記録を伸ばしていった。

「日本選手権クロスカントリー」でオリンピアンに肉薄する走りを見せ、準優勝した葛西潤（2022年2月）

新1年生 入寮式

「4年間の目標は、箱根駅伝1区で区間賞をとることです」

創価大学中央教育棟の教室に初々しい決意の声が響く。

3月10日、入学式を前に駅伝部の入寮式が行われていた。

22年度（52期生）の新入生は10名。石丸惇那（鹿児島・出水中央高校）は、高校2年生のとき、初めて八王子に来て体験入部した。榎木監督との〝コミュニケーションの取りやすさ〟と、箱根駅伝準優勝に裏打ちされた〝育成力〟に惹かれて創価大学を選んだ。

他大学の様子も耳にしていた石丸は、「新寮が建設されるなど、創価大学の環境はすばらしいと思っていました」と語る。

野沢悠真（宮城・利府高校）は、2年生のときに出場した「東北高校駅伝」をきっかけに瀬上総監督に声をかけられた。

「粘りと安定感のある軽やかな走りがすばらしかった。ラストのきつい場面でも表情を変えることがない。あの走りを見たらどこの大学も黙っていないだろうと思い、真っ先に声をかけました」（瀬上総監督）

〝最初に声をかけてくれたのが創価大学だった〟ことが決め手になった野沢だが、同じ高校の先輩である吉田悠良（3年）の存在も大きかったという。

「悠良先輩に寮の雰囲気や、榎木監督がとても指導力のある方だと聞いていました。それに、先輩・後輩の仲がいいことも魅力でした。安心して競技に集中できる環境があると感じて、創価大学に決めました」（野沢）

ほかにも、都大路（全国高校駅伝）の経験者など、入寮式には期待の新戦力が顔をそろえた。

壇上に立った榎木監督は、冒頭から「今年のチームは、箱根駅伝で総合優勝。出雲、全日本は3位以上という目標でスタートしています」と語る。

このレベルを求めることは、すでに伝えてあった。だからこそ、新入生たちも、榎木監督の期待に応えようと、しっかりと決意を固めてきていたのだ。

「初志貫徹という言葉があります。皆さんは今日、ここで決意したことを忘れないでほしい。4年間でいまの決意を成し遂げてもらいたい」

榎木監督の力強い言葉に、新入生たちの表情も引き締まる。新たなメンバーを迎え、三大駅伝に挑む駅伝部の体制が整った。

あこがれの白馬寮へ

1年生が最初に入寮したのは、太陽の丘にある旧・白馬寮。そして、およそ3カ月後には、完成したばかりの新・白馬寮に引っ越した。

日本一の生活環境の中で、最高の仲間と一緒に過ごす4年間には、栄光の未来が待っている。

SOKA UNIV
創友会

初めて先輩たちの前に立ち、緊張の面持ちの１年生。上段左から山下、三坂、野沢、中村、竹田。下段左から黒木、岩﨑、石丸、家入、安達。

▼体幹トレーニング

3月中旬には、新1年生も参加して、動的ストレッチやドローインと呼ばれる体幹トレーニングなどの講座が実施された。

「駅伝部ではこれまで、朝練の前に全員で〝声出し体操〟を行っていましたが、もっと効果的なトレーニング方法を模索していました。そうしたなか、『高田式ボディーバランス』という理論を展開し、海外でも活躍されている高田均先生の講座が実現しました」（瀬上総監督）

動的ストレッチは、身体を大きく動かして筋肉の収縮と弛緩を繰り返すことで血流を促進し、筋温の上昇を促す。ドローインは多裂筋、腹横筋、外腹斜筋、内腹斜筋、骨盤底筋群など腹部の筋肉を鍛錬する呼吸法だ。

「この講座の後、スタッフとともに〝走りで大事なことは何か〟を話し合い、動的ストレッチを取り入れることにしました。高田先生の動的ストレッチは、目的別にたくさん種類があるため、練習前の時間に全部を行うことはできません。そのため、縦割り班別に動的ストレッチを選んで行うことにしました。たとえば、ハムストリング（大腿後面を形成する筋肉の総称）が張っているメンバーが多い班は、そこを重点的に曲げ伸ばしできる動的ストレッチを増やすなど、それぞれがいま必要なことを考えて、自主的に取り組むようにしたのです」（緒方主将）

チーム全員で共有する大いなる目標に向かって、駅伝部の進化は留まることがない。

世界を視野にエースが躍動

4月15～17日にかけて、神奈川県のレモンガススタジアム平塚で「日本学生陸上競技個人選手権大会」が開催された。男子1万メートル決勝では、葛西潤（4年）が28分30秒65で1位に、嶋津雄大（4年）が28分38秒27で2位となり、「FISUワールドユニバーシティゲームズ」の代表に選出された。

1位でゴールした葛西は、嶋津とともに先頭でレースを引っ張れたことで、「チームとしても強さを証明できたと思います」と自信をにじませた。

「葛西と嶋津の二人は、ただ単にワンツーフィニッシュを決めただけではありません。試合全体を二人が終始コントロールしていました。あのレースこそ、『強さの証明』です。ほかの選手の間に『充実した練習によって入念に準備を積み重ねれば、自分にもこういう戦いができるんだ』という意識が芽生えました。チーム全体がいい形で刺激し合いながら『自分が主役になるんだ』という気持ちで準備しています」（榎木監督）

一方、この時期は故障者も相次いだ。フィリップ・ムルワ（4年）は、故障によって関東インカレ（5月19～22日）への出場を断念。新家裕太郎（4年）も捻挫で苦しんだ。また、6月末の全日本予選では、箱根・出雲への出場経験がある4年生にも、調子が上がらずに出場のチャンスを逃し、悔しい思いをしたメンバーが数多くいた。

捲土重来を期して、7月からの夏合宿に臨む。

全日本予選で結果発表を待つ創価大学駅伝部のメンバー

充実の夏合宿

「たれるな（離れるな）。先輩が背中を押してくれているんだ。前につけ！」

榎木監督の運転するキャラバンの助手席から檄が飛ぶ。20キロの距離走で集団から離れそうになる安達隆志（1年）に熱い声をかけていたのは主務の吉田正城（3年）だ。

「高校の後輩でもあるので、思わず力が入りました」（吉田）

8月19日からの9日間、新潟県妙高市で行われた2次合宿。この日はあいにくの雨だったが、ロードを駆ける選手たちは気にするそぶりもない。安達の背中を押しながら走っていたのは、吉田凌（2年）と山森龍暁（3年）だ。

「自分も高校時代には集団から離れてしまうことがありました。そんなとき、先輩が背中を押しながら励ましてくれたことで成長できました。安達はまだまだ伸びしろがある選手です。もっと強くなってほしい。そんな思いで背中を押していました」（吉田凌）

ここ数年、夏になると、1次合宿（長野・菅平）、2次合宿（新潟・妙高）、3次合宿（北海道・深川／岐阜・御岳）と〝伝統の夏合宿〟が行われている。その目的は、徹底した走り込みによる強い〝脚づくり〟だ。

昨年は8月に30人以上が800キロを走り切り、900キロ超えも25人にのぼった。今年は、昨年と同様の月間走行距離を目標にしつつ質を高めることで、さらなる強化を指揮官は思い描いていた。

ロードでの距離走もゴールが近づくにつれて陽が沈んできた。すると、榎木監督が運転するキャラバンが、後続の選手に下がるように指示をして、先頭を走る3人の後ろにぴったりとついた。

「嶋津は夕暮れになると視界が狭くなってくるので、ヘッドライトで足元を照らすようにしています」（榎木監督）

網膜色素変性症という難病を抱える嶋津雄大（4年）は、暗闇では目が見えづらい。走っている途中に通過するトンネルの中は、雨の日の夕方は暗くてほとんど前が見えない。トンネルの手前に差し掛かると、志村健太（3年）と吉田凌（2年）が嶋津と並走を始める。嶋津に肩を貸すためだ。

「高校生のとき、体験入部に来た僕に、知らない先輩が『肩貸そうか』と声をかけてくれました。思いやりのあるチームだと感じたことが、創価大学を選んだ理由のひとつです。今日の距離走でも、最後の（自分が走るだけでも精いっぱいの）苦しいところで、志村と凌が肩を貸してくれました。本当に、うちはいいチームなんです」（嶋津）

箱根駅伝に出場できるのは10人。そのわずかな枠を争うライバル同士でありながらも仲間として支え合う。その熱い絆が創価大学駅伝部の強さの秘訣ではないだろうか。

▼マネージャーの奮闘

2次合宿の距離走で選手たちをサポートするのは、2台の車と甲斐治輝（4年）が乗る自転車だ。常に選手たちの集団につくのは榎木監督が運転するキャラバン。主務である吉田正城と女子マネージャーたちが乗る。そして、久保田満コーチが運転するハイエースには男子マネージャー2人が乗り、曲がり角や交通量が多い地点では先回りをしてコース案内や安全確保を担当する。

駅伝部の主務・マネージャーは全部で12人。一致団結した献身的なサポートのおかげで選手たちは安心して競技に集中することができる。

集団で走っていれば迷う心配はないが、離れてしまったときにはコース案内の必要が生じる。とくに、初めての合宿でロードに慣れない1年生には細やかなフォローが必要だ。

榎木監督の指示を受けると、マネージャーたちはすばやく動き出す。

「ほかにも、タイムの計測や給水、写真撮影・記録もマネージャーの仕事です」（吉田）

撮影した写真は、SNSに投稿するほか、マスコミの取材時に使うこともある。その連携プレーにはまったく淀みがない。選手たちの動きや監督の指示にしたがって機敏にそれぞれの役割を果たす。

「4年生の（中村）智哉さん、高木（真弓）さん、石川（由香）さんと一緒に、その日の役割分担を考えています」（同）

この采配が選手たちをサポートするうえでの要となる。それぞれのマネージャーの長所を的確に把握して、練習や試合の状況に即して、役割を組み合わせていくのだ。

「前任の豊福（妙香）さんから“適材適所”の大切さを教わりました。それを常に意識して配置を考えています」（同）

なぜ、このように献身的にチームのために尽くせるのか。

「自分たちがマネージャーとしての仕事に丁寧に取り組むことが“箱根駅伝で総合優勝、出雲・全日本で3位以上”という目標につながるということを皆が信じているからです。“大学記録が更新された”“自己ベストが更新できた”となれば選手と同じようにうれしいですし、やりがいを感じます。これがマネージャーの醍醐味のひとつです」（同）

マネージャーは、最も近くで選手と接している。彼らの悩みや苦しみをだれよりも知っているからこそ、壁を乗り越えたときの喜びも大きい。

「もうひとつは、応援してくださっている皆さんや大学関係者、卒業生の方々から『箱根駅伝頑張ってね』とか『ありがとう』という言葉をいただいたときに、『やってきてよかったなあ』と思います」（同）

“チームのために”と尽くし抜いているマネージャーにとっても、駅伝部に寄せられる応援や励ましの言葉は何よりの原動力なのだ。

夕闇のなか、嶋津に肩を貸しながら走る志村

安達の背中を押しながら走る吉田凌と山森

シーズン開幕への期待

夏合宿が終わると、秋のトラックシーズンを迎える。

9月9日から開催された「第91回日本学生陸上競技対校選手権大会」（日本インカレ）では、フィリップ・ムルワ（4年）が1万メートルで念願の優勝を飾った。ムルワは、この大会で1年生から3年連続2位という悔しい結果だっただけに、喜びも大きかった。

「大好きな創価大学の代表で走るからには、絶対に1位を取りたかった。1年生のときからそう思っていました」（ムルワ）

◆　◆

9月24日に行われた「絆記録挑戦会」での5000メートルでは、新家裕太郎（4年）、桑田大輔（3年）、リーキー・カミナ（2年）、家入勇翔（1年）が自己ベストの力走を見せ、10月1日、2日に行われた「日本体育大学長距離競技会」での1万メートルでは、志村健太（3年）、山下唯心（3年）が自己記録を更新。さらに同大会の5000メートルで、石井大揮（3年）、藤ノ木丈（2年）、若狭凜太郎（2年）に加え、1年生も自己ベストを叩き出した。

しかし、全員が夏合宿の成果を実らせたとは言い難い現実があった。

「夏合宿では、体調を崩した選手が多数いました。結果的に（月間走行距離）900キロメートルを超えたのは5人ぐらいで、500〜600キロメートル程度の選手が多かった。そのため、目標を修正し、土台作りを9月まで延長しました」（榎木監督）

これまでは、8月に徹底して

日体大長距離競技会

日本インカレ

走り込み、9月は疲労回復のために練習量を軽減してきた。ところが、今年はギリギリまで追い込んだにもかかわらず、この時期にトラックで好記録が続出したのは、想定外だった。

「9月に走り込んだ疲労が抜けないまま駅伝シーズンに入るかもしれないという不安はありましたが、箱根を見据えてやるしかない。出雲を捨ててでも戦うと覚悟を決めていました」（同）

「捨ててでも」と挑んだ出雲駅伝は前年（21年）を超える堂々の6位。指揮官の揺るぎない決断が、選手たちの闘争本能に火をつけたのだ。

10月上旬。出雲駅伝と時を同じくして、菅平（長野県）では、久保田満コーチを中心にもうひとつの戦いが繰り広げられていた。

「10月11日までの5日間、全日本大学駅伝のメンバー選考を兼ねた合宿を行っていました。榎木監督は『5キロ×2本のポイント練習でメンバーを決める』と明言していましたので、そこで結果を残せるかが重要なポイントでした」（久保田コーチ）

この過酷なメンバー選考を勝ちぬき、エントリーされたのは本田晃士郎（4年）、山森龍暁（3年）、吉田凌（2年）、黒木陽向（1年）らだ。一方で、主将の緒方貴典（4年）はメンバーから外れた。

「緒方は、菅平合宿で調子が上がらず全日本は外れましたが、合宿明けに出場したレガシーハーフで、復活の走りを見せてくれました。実業団の選手に引っ張ってもらうわけでもなく、単独走で走り切ったのは見事でした」（同）

菅平合宿

全日本大学駅伝エントリーメンバー

勢いを加速させ、初の舞台へ

出雲と菅平、それぞれの地で戦った選手たちが大学へと戻り、チームが一丸となって、いよいよ全日本大学駅伝に向けた挑戦が始まった。

10月16日には、「東京レガシーハーフマラソン2022」が行われ、創価大学から6人の選手が出場。初のハーフマラソンに挑戦したリーキー・カミナ（2年）が準エリート部門で1位となる62分31秒でゴールした。また、本田晃士郎（4年）、緒方貴典（4年）、吉田凌（2年）、小暮栄輝（2年）、野田崇央（2年）も自己ベストには届かなかったものの、合宿明けで疲労が抜け切れていないなか、後半にきつい上り坂があるタフなコースで好記録を叩き出した。

「上半期から夏合宿も含めて調子が上がらず、目標は64分台でしたが、それを超える63分39秒で走れたことで全日本、箱根への自信を高めることができました」（吉田凌）

久保田コーチが〝復活の走り〟と称えた緒方は、全日本大学駅伝の先を見据えている。

「夏合宿から不調が続いていました。レガシーハーフの1週間前の調整練習も苦しんだので、今回は66～65分になると思っていました。調子の悪いなかでも64分24秒でまとめることができ、次に出場する世田谷ハーフにもつながる走りになったと思います」（緒方）

緒方は、昨年（21年）出場した「世田谷246ハーフマラソン」で4位だった。今年は、強豪校の選手も出場が予想される

東京レガシーハーフマラソン2022

なか、「順位にこだわって優勝を目指す」と意気軒昂だ。

10月22日に行われた「平成国際大学長距離競技会」で、創価大学は1万メートルに11名が出場して、7名の選手が自己ベストを出すという仕上がりを見せた。

5000メートルに出場した小暮は、6日前のレガシーハーフに続くレースだったが、14分7秒と自己記録を大きく更新。志村健太（3年）も自己記録に肉薄する走りを見せた。さらに1万メートルには、出雲駅伝を走った選手に加え、全日本大学駅伝のメンバー入りを目指す選手が出走した。

なかでも輝きを放ったのは、28分33秒と自己記録を25秒更新した横山魁哉（4年）、28分35秒で自己記録を22秒更新した山森龍暁（3年）、そして、自己記録に迫る走りで存在感を示した桑田大輔（3年）だ。この3人は、出雲駅伝の出場が叶わなかった主力選手である。

さらに石丸惇那（1年）も28分58秒と、1年生にして28分台を叩き出した。

彼らは三大駅伝でどんな旋風を巻き起こすのだろうか。

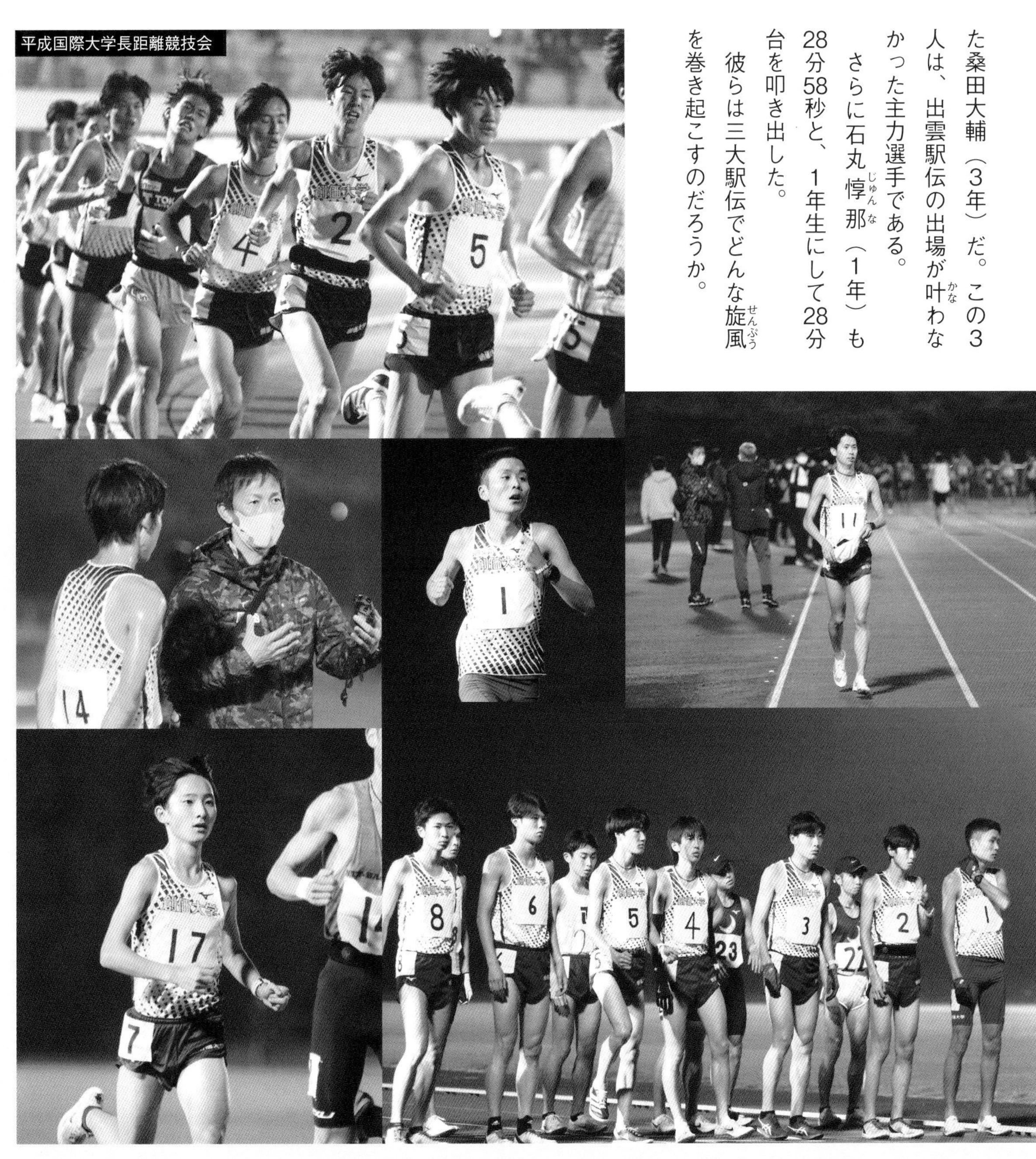

平成国際大学長距離競技会

6区 10.2km 島根ワイナリー前 ⇒出雲ドーム前

古代出雲歴史博物館を過ぎると、舞台は再び出雲大社前の参道へ。最後のアップダウンがある浜山公園で、残り約5km。ここからは平坦なコースが続き、大逆転もある最長区間だ。

選手名	嶋津雄大
区間タイム	29分58秒（区間5位）
通過記録	2時間10分52秒（6位）

4区 6.2km 平田中ノ島 ⇒鳶巣コミュニティセンター前

出雲大社に向かって折り返すとレースは後半へ。自然豊かな北山山系の麓に沿って延びる国道431号は緩やかな上り坂が続く。〝我慢の4区〟では、少しでも差を縮めておきたい。

選手名	石丸惇那
区間タイム	18分47秒（区間7位）
通過記録	1時間21分26秒（7位）

5区 6.4km 鳶巣コミュニティセンター前 ⇒島根ワイナリー前

細やかなアップダウンが選手を苦しめる。最終区は、何度もトップが入れ替わったことがある区間のため、トップから何秒差で襷をつなぐことができるかが重要なポイントになる。

選手名	石井大揮
区間タイム	19分28秒（区間5位）
通過記録	1時間40分54秒（7位）

出雲駅伝 コースマップ＆区間の特徴

1区 8.0km 出雲大社正面鳥居前⇒出雲市役所・ＪＡしまね前

出雲大社の正面鳥居前から参道を駆け抜け、大鳥居をくぐると、旧JR大社駅が見えてくる。アップダウンのある浜山公園を過ぎ、平坦なコースへ。仕掛けるタイミングに注目したい。

選手名	新家裕太郎
区間タイム	23分18秒（区間10位）
通過記録	23分18秒（10位）

2区 5.8km 出雲市役所・ＪＡしまね前⇒斐川直江

第１中継所から３km付近の神立橋まではアップダウンがあるが、そこを過ぎると、長く緩やかな下り坂が続く。２区は最も短い区間で、各チームのスピードランナーがしのぎを削る。

選手名	葛西　潤
区間タイム	15分45秒　★区間新（区間5位）
通過記録	39分03秒（7位）

3区 8.5km 斐川直江⇒平田中ノ島

出雲平野を象徴する田園風景が美しいが、風の影響を強く受けやすい。６区に次ぐ長距離区間は前半の最重要区間と位置づけられ、各チームともエース級の選手が勝負をかける。

選手名	フィリップ・ムルワ
区間タイム	23分36秒　★区間新（区間1位）
通過記録	1時間02分39秒（5位）

[ルポ] 出雲駅伝ドキュメント

出雲路から見えてきた創価大学の進化と課題。

学生三大駅伝の開幕を飾る出雲駅伝で堂々6位。新戦力の台頭で全日本、箱根に弾みをつける。

1区で鍵を握る男は超高速レースに困惑

学生三大駅伝は八百万の神が集う神在月の出雲から始まる。

今季の創価大学は6月の「全日本大学駅伝関東地区選考会」（全日本予選）をついに突破。初めて三大駅伝に〝フル参戦〟することになる。

前回（2021年）、初出場した出雲駅伝では、「3位以内」を目指して戦ったが、7位でレースを終えた。2度目の挑戦となる今回は、前回届かなかった〝トップスリー〟に再びチャレンジした。

6区間45・1キロ㍍で争われる出雲駅伝は「スピード駅伝」と呼ばれている。榎木和貴監督の構想は、前回3区で区間賞を獲得したフィリップ・ムルワ（4年）を再び中盤のポイント区間に配置。レース前半で〝主導権〟を握るというものだった。

そのためには序盤の2区間が重要になる。榎木監督は4月の「日本学生個人選手権」1万㍍を制した葛西潤（4年）と、秋のトラックレースで自

1区を力走する新家裕太郎

己ベストを叩き出した新家裕太郎（4年）に託した。1区は8・0キロ㍍、2区は5・8キロ㍍。どちらに入るかは本人たちの希望を聞いた。

前回大会では当初、榎木監督は新家を1区に想定していたが、本人の「自信」がなかったため、2区に配置。しかし、その結果、区間10位と伸び悩む。今回は新家が1区、そして、昨年は欠場した葛西が2区というオーダーで勝負に出た。

10月10日の出雲は西からの風が強く吹いていた。1区は中央大学・吉居大和（3年）が1キロ㍍を2分37秒で突っ込み、集団から抜け出す。箱根駅伝1区で驚異的な区間新記録を打ち立てた男は追い風に乗り、区間記録を上回るスピードで駆け抜けた。

一方の新家は戸惑っていた。

「設定タイムより速いペースになって、気持ちでやられてしまった。ついていくか迷ったなかで集団から離れてしまい、ひとりになってからペースが落ちてしまった」

吉居が飛び出したことで、レース全体が高速化。2位グループも途中で分裂した。そのときに新家が〝安全策〟で後ろの集団を選んだことが、裏目に出た。

新家は高校時代の5000㍍ベストは15分台の選手（高校トップクラスは13分台）。インターハイや全国高校駅伝で活躍した選手たちに劣等感があるのかもしれない。実力がありながら、本番ではそれを発揮できず、トップの中央大学と46秒差の区間10位で葛西に襷をつないだ。

「先頭が見える位置で渡すのが自分の役割だと思っていたんですけど、区間3位の選手と30秒以上も離され、悔しいレースになりました」

新家が口にした区間3位の選手とは青山学院大学の目片将大（4年）。出雲駅伝の約2週間前のレースでは新家が先着していた。

9月には箱根駅伝優勝校と互角の戦い

新家は創価大学に入学してからメキメキと力をつけた選手だ。今年の箱根駅伝では7区で3人抜きを演じており、ラストイヤーは嶋津雄大（4年）、ムルワ、葛西に続く、〝4人目のエース〟として大きな期待がかけられていた。しかし、今季は関東インカレのレース中に右足首を捻挫したため、全日本予選を欠場。「気合いを入れ直すため」と、頭を丸めて夏合宿に参加した。

月間走行距離で900キロ㍍を目安に走り込んだ夏合宿を経て、チームはトラックレー

取材・文／酒井政人（スポーツライター）

スに参戦。9月上旬の日本インカレではムルワが1万㍍を28分36秒70で完勝し、日本一に輝いた。

9月24日の「絆記録挑戦会」5000㍍では、リーキー・カミナ（2年）が13分32秒97でダントツ。新家は、日本インカレ5000㍍を連覇した青山学院大学の近藤幸太郎（4年）には届かなかったものの、同大学の中村唯翔（4年）、横田俊吾（4年）、目片に先着し、13分45秒22の自己新記録をマークした。桑田大輔（3年）も14分02秒85の自己新記録で走っており、榎木監督はチームの状態に手応えを感じていた。

「去年（21年）9月の絆記録挑戦会は本当にひどかったんですよ。5000㍍の上位9名は青山学院大学の選手でしたから。そう考えると箱根駅伝優勝校と少しは肩を並べて走れるようになったのかなと感じています」

出雲駅伝には嶋津、ムルワ、葛西、新家に加え、濱野将基（4年）、石井大揮（3年）、カミナ、そして、石丸惇那、家入勇翔、山下蓮の1年生トリオを選手登録。

「夏合宿がしっかりできたメンバーとともに、1年生にも経験させたいと考えてエントリーしました」

昨年の出雲駅伝で1区（区間11位）を務めた主将・緒方貴典（4年）は夏に体調を崩した影響で調整が遅れており、同5区（区間7位）の桑田は日本インカレ1万㍍で失速し、登録メンバーには入らなかった。

一方、3人のルーキーについて、榎木監督はこう評価する。

「石丸はトラックの実績がありますし、全日本予選でも好走しました。家入は夏合宿を完璧にこなし、深川（3次）合宿のロード5キロ㍍の3本目でトップを取りました。山下もずっと充実した練習ができています」

1区の出遅れを5人が挽回した

出雲駅伝は1区の新家が出遅れるかたちになったが、それを葛西が取り戻す。2区には東京五輪の3000㍍障害で7位入賞の快挙を果たした順天堂大学・三浦龍司（3年）、3種目で高校記録を保

区間記録を上回る見事な走りで
順位を10位から７位まで押し上げた葛西潤

持する駒澤大学・佐藤圭汰（1年）などスピードのあるスター選手が登場。追い風もあり、6人が区間記録を上回った。

　そのなかで、本格的な練習を再開してから約1カ月、「6、7割の仕上がり」という葛西が奮起。「ずっとダッシュしている感覚」で突っ走り、第一工科大学、東京国際大学、法政大学を抜き、7位で襷をつないだ。

「フィリップ（ムルワ）に先頭が見える位置で渡すのが自分の役割でした。タイムはOKでしたけど、もう少し流れを作りたかったですね」

　葛西は区間記録を2秒上回る区間5位。状態を考えれば、すばらしい走りだったが、本人は納得していなかった。

　3区のムルワは今年も快走した。序盤ですぐさま関西学院大学をかわし、区間記録を上回るペースで中間点を通過。食らいつく國學院大学を引き離すと、最後は順天堂大学と競り合うようにして5位で中継所に飛び込んできた。

「レース前はプレッシャーがあったんですけど、頑張りました。今日は昨年ほど暑くなく、調子もよくて、いいペースで走ることができました。ターゲット（目標）のニューレコード（新記録）を達成できてうれしいです。応援ありがとうございます」

　今年も笑顔でインタビューに応じたムルワ。区間記録を10秒更新する区間新記録、2年連続の区間賞を獲得した。

　4区は1年生の石丸。初めての学生駅伝で前日は緊張したというが、「あこがれの舞台で晴れ晴れしい気持ちがあり、スタートラインに立ったら緊張がパッと消えました」

　序盤は1秒前に走り出した順天堂大学の選手に食らいついた。しかし、11秒遅れでスタートした國學院大学・中西大翔（4年）に逆転を許すと、法政大学と僅差の7位で襷をつなぎ、区間7位で駅伝デビューを終えた。

「向かい風が得意ではないので、気持ち的な余裕がなかった。体幹が弱いところがあり、終盤ペースダウンして、悔しい結果になりました。大学駅伝のレベルの高さを感じました」

　4区に続き、5区も強い向かい風が選手たちを襲った。それでも石井は積極的な走

エース区間の3区で区間新記録を更新。2年連続で区間賞を獲得したフィリップ・ムルワ

りで、法政大学を引っ張るかたちでレースを進め、青山学院大学と順天堂大学の4位グループが近づいてくる。しかし、レース後半は向かい風が容赦なく吹きつけ、区間5位と踏ん張るも、最終的には法政大学にも引き離され、7位で中継した。

久々の駅伝で楽しかったという石井は、「三大駅伝初出場は緊張しました。前方に青山学院大学と順天堂大学が見えていて、序盤は少しずつ詰まっていたので、この2校はとらえたいと思っていたんですけど、風がだんだん強くなってきて体力を使ってしまいました。後半離されたのが悔しいです。それでも区間5位ということで最低限の役割を果たせました」と充実の表情を浮かべていた。

2年連続でアンカーを務めたのは嶋津雄大。前方のチームとは9秒差があったが、じわじわと近づいていく。5キロ地点で5位争いをしていた順天堂大学と法政大学に5秒差まで詰め寄った。5・8キロで法政大学をかわすと、順天堂大学の四釜峻佑（4年）を必死で追いかける。8・3キロ付近で並んだが、ラスト勝負で敗れ、嶋津は6位でフィニッシュ。

「7位で襷をもらって6位でゴール。ひとつ順位を上げられたので、何とか仕事はできたかな。いいレースだったと思います。1年間、（チームに）残った意味をひとつ加えることができました」と、レースを終え、爽やかな笑顔を見せた。

「創価大学はまだ駅伝を楽しむことが許されているチーム。精いっぱい頑張って、自分たちの結果に誇りを持って〝次また頑張ろう〟と笑顔で言い合えるチームだと思っています。今後もそういうチームであってほしいですね」

わずか「10秒」が変えたレースの流れ

今年の出雲駅伝は、追い風になった前半区間で駒澤大学がスピードに乗り、向かい風の4区と5区で粘り強さを発揮。2区でトップに立つと、そのまま首位を独走した。6人全員が区間2位以内という圧巻の走りで、大会記録を30

ルーキー・石丸惇那は、向かい風に負けない力強い走りで粘りを見せた

秒以上も更新。9年ぶり4度目の優勝を飾った。

駒澤大学と2位の國學院大学は52秒という大差がついた。一方で、6位の創価大学は2位の國學院大学と1分28秒差、3位の中央大学とは1分04秒差だった。榎木監督は〝もう少し勝負できたのでは？〞という気持ちもあったようだ。

「目標にしていた3位が見えそうになりながら、後半はちょっと遠ざかった。内容としては悪くなかったんですけど、欲を言えば、1区は10秒ぐらい前で渡したかったですね。葛西の走りだったら、もうちょっと押し上げられましたし、ムルワのところで2位争いに絡むこともできたのでは……。4区と5区の選手は粘ってくれていたので……。そう考えると前半区間が惜しかった」

優勝した駒澤大学のアンカー・鈴木芽吹（3年）

駅伝は不思議なスポーツだ。レースの流れが選手たちの走りに大きな影響を与える。「1＋1」が「2」ではなく、「3」にも「4」にもなることがあるからだ。どの位置でスタートを切るかで選手の走り、タイムが変わってくる。もし1区の新家が10秒速く襷をつなげていたら、葛西が國學院大学を猛追し、ムルワが2位まで急上昇していたかもしれない。

新家は10秒どころか、あと30秒ほど短縮できる実力があっただけに非常に惜しいレースとなった。

「1区は中央大学の吉居くんが序盤から抜け出しました。新家には2位集団のなかで後半上げていくイメージをさせていたんですけど、途中で集団が割れたときに攻めきれなかった。練習の内容を考えると十分に行けるはずですが、試合になると躊躇してしまう。そこにまだ強さが足りないと感じました」（榎木監督）

2区の葛西は左足底の痛みが再発した後、初レースになったが、存分に持ち味を発揮。ムルワも1万㍍の学生王者らしい、期待に応える快走だった。

「葛西はいい練習ができていましたし、力通りに走ってくれました。ただ今回は他大学が強かった。ムルワは目標タイムを10秒もクリアしてくれたので、本当に評価できます」

学生駅伝初出場となった4区の石丸と5区の石井。二人

初挑戦となった大学駅伝で5区を快走し、アンカー・嶋津へと襷をつなぐ石井大揮

は向かい風の厳しいレースでも大崩れしなかった。

「石丸は区間賞を獲得した國學院大学の中西くんの力に圧倒されました。4年生と1年生では身体が違うので、仕方ないのですが、後半は粘ってくれました。石井は自分からグイグイと行ってくれました。ただ、他大学の選手にうまく風除けに使われてしまったので、行くんだったら最後も逃げさせない走りをしないといけません。それでも今後に向けていい経験になったと思います」

榎木監督は、アンカー嶋津のラストスパートの勝負は厳しい戦いになることを覚悟していたという。

「嶋津はラストのスピードに課題があります。本来はアンカーではなく、途中の区間でガンガン攻めていくタイプ。今回はアンカーに起用したんですけど、5位争いができての6位だったので、チームとしてはなんとか及第点だと思います」

目標の「3位以内」を達成することはできなかったが、創価大学は前年の順位をひとつ上回った。それ以上にレース内容が昨年よりも断然よかったと、榎木監督は1年間の成長を感じている。

「去年は3区のムルワの走りで稼いで、なんとか7位に入ったようなレースでした。今年はムルワを生かしながら、1区以外は区間7位以内でまとめました。そこはチームとして成長した部分だと思います。優勝した駒澤大学はすごく噛み合っていて、本当に追いつけないぐらいの力の差がありました。でも2位以下のチームとは大きな力の差は感じませんでした。うちも取りこぼしがありましたし、しっかり仕上げていけば十分に戦えます。箱根駅伝は、出雲より1区間の距離が長くなり、区間も増えます。選手たちが苦手とするスピード駅伝でこれだけ戦えたことは自信につながると思います」

正月の箱根駅伝は「総合優勝」を狙う

出雲駅伝は10月の三連休に行われたが、登録メンバーから外れた選手たちは全日本大学駅伝と箱根駅伝のレギュラー獲得を目指して、長野・菅平で短期合宿を行い、走り込んだ。

初出場となる全日本大学駅伝はトップ争いに加わりながらの「3位以内」が目標で、箱根駅伝は「総合優勝」を目指す。

箱根駅伝に向けては、出雲登録メンバーの10人に加え、箱根経験者である松田爽汰（4年）、桑田大輔、吉田凌（2年）。全日本予選に出走した横山魁哉（4年）、志村健太（3年）、野沢悠真（1年）。さらに1万㍍28分台の主将・緒方貴典と山森龍暁（3年）。ハーフ62分台の小暮栄輝（2年）と野田崇央（2年）らがレギュラー争いを繰り広げている。選手層が厚くなり、総合力はかなり高くなってきた印象だ。こうしたなか、出雲を走った選手はどのような目標を掲げているのか。

チームの鍵を握る男・新家は、「出雲では思うような結果を残せなかったので、全日本、箱根とジャンプアップしていくしかありません。箱根は5区を希望していますが、どこでもいける準備をしていきます」と全身全霊で戦う覚悟でいる。

出雲でもクールな快走を見せた葛西は、「今回、スピード対応もできたので、箱根に向けて距離を伸ばしていきたい。最後の箱根は全員で楽しめたらいい。チームに恩返しできるように100㌫の状態に持っていきたい」と静かに燃えている。

過去3回の出場すべてでドラマを作ってきた〝箱根の申し子〟といえる嶋津は、「いまのチームは歴代最強だと思います。創価大学は箱根駅伝にピークを合わせられるチーム。全日本、箱根と距離が長くなっていけばチームの調子も上がってくるでしょう。最後はハッピーエンドで終わりたいですね。いちばんはチームに貢献して、5年間の感謝を伝えたい。最後は自分らしい〝魂の走り〟をお届けします」と熱く抱負を語った。

創価大学の今季スローガンは「創姿顕心──強さの証明」。2023年の正月、箱根路で赤と青の襷がきらめき、〝真の実力〟を存分に見せつけることだろう。

（文中敬称略）

2022年出雲駅伝順位

総合順位	大学名	総合タイム
1	駒澤大学	2時間08分32秒
2	國學院大学	2時間09分24秒
3	中央大学	2時間09分48秒
4	青山学院大学	2時間10分18秒
5	順天堂大学	2時間10分50秒
6	創価大学	2時間10分52秒
7	法政大学	2時間11分54秒
8	東京国際大学	2時間11分59秒
9	東洋大学	2時間13分35秒
10	関西学院大学	2時間14分27秒
11	帝京大学	2時間15分40秒
12	立命館大学	2時間18分09秒
13	環太平洋大学	2時間18分13秒
14	大阪経済大学	2時間18分19秒
15	皇學館大学	2時間18分44秒
16	北海道学連選抜	2時間18分51秒
17	関西大学	2時間19分24秒
18	第一工科大学	2時間20分42秒
19	北信越学連選抜	2時間21分17秒
20	東北学連選抜	2時間26分09秒

月刊「潮」2022年12月号の記事を転載。

もうひとつの出雲駅伝
～出雲市陸協記録会～

出雲駅伝が行われる10月10日には〝もうひとつの出雲駅伝〟が毎年開催されている。「補欠レース」とも呼ばれるもので、出雲駅伝のメンバーに登録されながら出場がかなわなかった選手が、出雲市陸協が主催する5000㍍のレースに出走するのだ。

創価大学からはリーキー・カミナ（2年）、山下蓮（1年）、家入勇翔（1年）の3人が参加した。

夕暮れどきの浜山公園陸上競技場。昼間に熱戦を繰り広げたチームの指揮官たちの目が光る。出雲駅伝は6区間だが、全日本大学駅伝は8区間、箱根駅伝は10区間。今後、出場者が増えることになる大会の候補メンバーをチェックするからだ。

榎木和貴監督は、「気象条件がちょっとよくないですけど、そのなかでも自己ベストに近い走りができるのか。出雲駅伝を走った選手との比較もできるので、全日本のメンバー選考の指標のひとつにしたい」と話していた。

創価大学の3選手は有力選手が集まる2組に出場。出雲駅伝で先着を許した駒澤大学、國學院大学、中央大学の選手たちを相手に積極的なレースを展開した。

カミナが先頭に立つと、その背後に山下と家入がつく。序盤は創価大学トリオが上位を占めた。山下と家入は徐々に後退したが、カミナは首位をひた走る。最後はピタリと食らいついた駒澤大学・円健介（4年）を強烈スパートで引き離し、14分00秒43でトップを飾った。山下は14分43秒69の10着、家入は14分57秒95の15着。強風にタイムは阻まれたが、3人とも今後の可能性を感じさせる走りを見せた。

山下は昼間の出雲駅伝で5区石井大揮（3年）の付き添いを担当。沿道で4区石丸惇那（1年）から石井への襷リレーを目の当たりにして、複雑な心境になったという。

「（レースに）出ると出ないとでは大きく違う。同期の石丸が走ったので〝負けていられない〟と強く感じました。出雲駅伝に出られなかった悔しさをこの記録会にぶつけたんですけど、駒澤大学の選手は強い風のなかでも強さを発揮しました。そこについていかれなくて、またしても悔しい気持ちになりました。全日本こそはしっかり活躍して、距離の不安がある箱根でもメンバー争いに加わっていきたいです」

また、山下と同じく、家入も実力不足を実感したようだ。

「創価大学の今季スローガンは『強さの証明』です。どんな状況でもしっかり走ることが強さの証明になると思っていたんですけど、いいレースができませんでした。これから全日本、箱根と続くので、メンバーに入れるような力をつけていきたいです」

太陽が完全に沈んだグラウンドで光る汗をぬぐった1年生コンビ。この〝悔しさ〟をエネルギーにして、晴れ舞台へ駆け上がるときがくるだろう——。

県立浜山公園陸上競技場

前日に行われた開会式に参加した登録選手たち（2022年10月９日 出雲市民会館）

トップを走るカミナと、猛追する駒澤大学の円健介

5月に行われた「絆記録挑戦会」の5000メートルで13分57秒61の自己ベストを出し、さらに6月の全日本予選でも1組5位という見事な結果を残した横山魁哉（4年）は、久保田満コーチのアドバイスによって成長のきっかけをつかんだ一人である。

「伸び悩んだ時期に『自分を変えていかないと実力もこのままで終わってしまうぞ』と久保田コーチが強く言ってくださったことがターニングポイントになっています」（横山）

久保田コーチは名門・東洋大学で主将を務めた後、旭化成で活躍。2010年に創価大学駅伝部コーチに就任した。

横山は1年次、2年次に箱根駅伝のエントリーメンバーに食い込むも当日は補欠登録に。その後、3年次には辛くもエントリーから外れていた。

「エントリーメンバーで当日、走れなかった選手は、翌年は成長して出走を勝ち取ってもらいたい。逆にエントリーメンバーが翌年のエントリーから外れた場合、スタッフは〝育成がうまくいっていない〟と受け止めます。チームの底上げ、総合力の強化を考えたとき、〝中間層のメンバーをどう育成できるか〟がとても重要なのです」（久保田コーチ）

久保田コーチのアドバイス

COLUMN 円滑なコミュニケーションと指導陣の団結がチームの要

で、横山は自身の壁を越えることができた。選手一人ひとりの成長のために、どんな言葉をかけたらいいか、そこに久保田コーチは心を砕いているという。

「榎木監督と言っていることが違えば選手は混乱するので、そこは気をつけています。そのうえで、『監督が言われたのはこういうことだよ』と、監督の指導を解説・補足することを心掛けています」（同）

全体を指揮する榎木監督のもとで、久保田コーチが選手たちの状況をしっかりと掌握しているのだ。一人ひとりを細かく見ているコーチのアドバイスは欠かせない。

「新家（裕太郎）はスタート時点でネガティブ思考になる傾向があるので、9月の『絆記録挑戦会』では、彼がいちばん調子のよかった秋の3次合宿（深川）のとき、どのようにメンタルコントロールしていたかを思い出させ、頭の整理を代行したという感じです」

その結果、新家は5000メートルで自己ベストを大きく更新する13分45秒22を叩き出した。

さらにスタッフと選手のコミュニケーションが一方通行ではなく、双方向であることも注目に値する。

「選手とスタッフの距離が近く、声をかけたり、意見を言いやすい点がチームのいいところだと思います」（本田晃士郎副主将）

こうしたコミュニケーションのよさによって、選手たちは競技に集中できるのだ。

HISTORY

学生三大駅伝への道

悲願の全日本大学駅伝初出場

2020年1月、箱根駅伝に3年ぶり3度目の出場を決めた創価大学駅伝部は、榎木和貴監督の新体制のもと、総合9位でゴールする。1972年9月の創部以来、半世紀近い苦闘の末、夢のシード権を初めて勝ち取ったのだ。

翌21年1月の箱根駅伝では創大フィーバーが吹き荒れた。往路で優勝、復路でも9区までトップを独走し、総合2位の栄冠に輝いた。

学生駅伝の世界では、この正月の箱根駅伝に加え、秋の出雲駅伝（10月）と全日本大学駅伝（11月）が「三大駅伝」と呼ばれる。しかし、創価大学は、箱根駅伝で目覚ましい結果を残しながらも、出雲駅伝と全日本大学駅伝にはまだ一度も出場したことがなかった。

箱根で結果を残すとともに、出雲駅伝と全日本大学駅伝への出場権を獲得し、「三大駅伝」のすべてにおいて創価の爪痕を残したい――。創価大学は果敢な挑戦を開始した。

2021 全日本予選でまさかの惨敗

２０２１年６月19日、創価大学は「全日本大学駅伝関東地区選考会」（全日本予選）に臨んだ。この大会には、関東地区の20校から各8人の１６０人が出場。40人ずつ４組に分かれて1万メートルを走り、8人の合計タイムで順位が決まる。

20年に優勝した駒澤大学をはじめ、8位以内に入った東海大学、明治大学、青山学院大学、早稲田大学、東洋大学、帝京大学、順天堂大学はすでにシード権を獲得している。いずれも箱根の常連校だ。これらに加え、各地区の定数（関東地区は7校）に応じ、予選を勝ち抜いたチームが出場できる。

この日、創価大学からは濱野将基（３年）、横山魁哉（３年）、山森龍暁（２年）村田海晟（３年）、三上雄太（４年）、新家裕太郎（３年）、フィリップ・ムルワ（３年）嶋津雄大（４年）の８人が出走。箱根駅伝総合2位の記憶が色濃く刻まれるなか、だれもが創価大学の出場権獲得を確信していたに違いない。

ところが、故障明けという不安定なコンディションで出走した新家は、途中で体調不良に見舞われ、3組で最下位（全体で１５８位）に沈む。最終組を待たずに予選突破の可能性が消滅した創価大学は、上位7校どころか14位と惨敗した。

箱根駅伝総合2位のチームはなぜ、全日本予選で勝てなかったのか――。

総合2位に輝いたとき、1区（3位）の福田悠一（4年）、7区（2位）の原富慶季（4年）、9区（1位）の石津佳晃（4年）など厳然たるチームの柱が存在したが、彼らの卒業後、その役割を担う選手がいなかった。

「葛西潤（3年）にはその自覚があったと思いますが、彼がケガで走れなくなったとき、〝全日本予選を自分が走らないといけない〟という使命感をもったメンバーがいなかった。〝調子がいい選手が走ればいいんじゃないか〟と、どこか他人任せのところがあったと思います」（榎木監督）

榎木監督

全日本予選で1組3位と好走した濱野も、当時の状況をこう振り返る。

「箱根で総合2位になった後は、大事なレースに出る選手が固定されていました。ほかの選手たちは〝まだ自分は走れるレベルじゃない〟と自信が持てずにいて、全員で戦う雰囲気がなかったように思います」

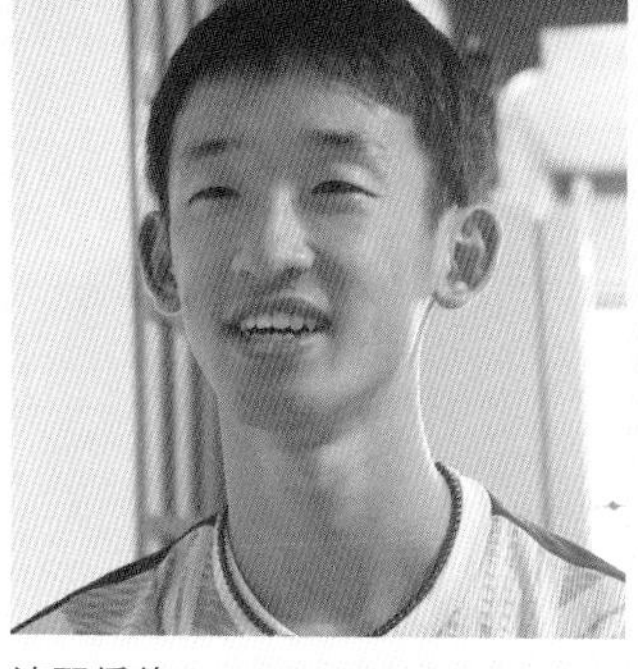
濱野将基

そうしたなか、主力選手の故障によってチームの弱さが表面化したのが全日本予選だったのだ。

「総合2位のチームとして周囲からは注目されていたけれど、実力は伴っていない。もっと成長し、変わっていかなければ〝準優勝〟に見合う走りはできないということを、選手たちも感じてはいたと思います。でも、まだそこに向き合う〝覚悟〟が足りていなかったんです」（榎木監督）

当時の状況に最も責任を感じていた一人が、箱根駅伝出場後、ケガで全日本予選を走れなかった葛西だ。

「だれが悪いとかではなく、全員で負けたと思いました。新家のアクシデントがありましたが、あれは彼にプレッシャーをかけてしまった自分たちの学年の弱さが露呈してしまった結果でした」

葛西潤

仲間を想う葛西の励ましに触れ、新家は立ち上がるきっかけをつかむ。

「あのレースの後は、『陸上を辞めたい』と思うくらい落ち込みましたが、自分が変わるきっかけになりました。監督からは厳しい言葉があったんですけど、（ケガで）走ることすらできなかった葛西が『（故障明けの新家を）走らせてしまって申し訳ない』と言ってくれました。自分の代わりに走ってくれてありがとうって……。その一言がいちばん大きかったなって思っています。そこから、自分の甘い考えを反省して、陸上に取り組む姿勢が変わりました」（新家）

　さらに、この状況に危機感を抱いていた3年生は副主将の緒方貴典を中心に学年ミーティングを開き、お互いに（全日本予選で）負けた原因について本音で語り、指摘し合った。

「全員でもう一回、変わらなきゃいけない。戦わないといけないと確認し合った結果、同期の結束がすごく固まりました」（葛西）

　その後、チームは夏合宿に取り組むが、故障中の葛西は帰省することになる。夏合宿後、チームに合流した葛西は、同期メンバーの大きな変化に目を見張ったという。

「久しぶりに八王子に戻ると、みんながすごくたくましく見えました。1カ月間で、3年生が練習だけじゃなく、発言や声がけなどでもチーム全体を引っ張っていたようです。それぞれの顔つきが変わっていました」

　全日本予選敗退という苦い経験を乗り越え、選手たちのなかに榎木監督が求める〝覚悟〟が芽生え始めていたのだ。

「練習だけやっていれば、試合でいい走りができるわけではありません。一流のアスリートとして活躍するためには、普段の行動や生活も含めて競技と向き合う〝覚悟〟が必要です。そのことに気づいてからは、練習でも攻めた走りができるようになり、それぞれの発言も変わってきました。同時に〝このチームのレギュラーは固定されているわけではない。自分だって頑張ればレギュラーになれるんだ〟と、ポジティブな意識改革ができたと思います」（榎木監督）

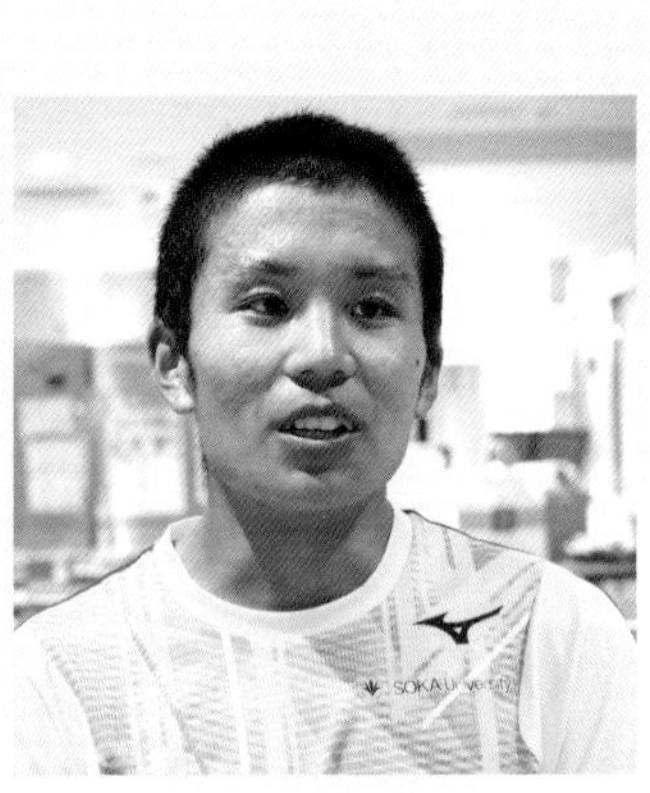

新家裕太郎

緒方貴典

嶋津雄大

出雲大社正面鳥居前でスタートを待つ1区のランナーたち。2列目中央が創価大学の緒方貴典（2021年10月10日）

2021 初の出雲駅伝で健闘

21年10月10日、創価大学は出雲駅伝に初出場した。新型コロナウイルスのパンデミックによって、前年の大会は中止されたが、1年ぶりに無観客での開催が実現したのだ。

創価大学はこの大会に「20校中、3位以上」との高い目標を掲げて臨んだ。

気温30度という季節外れの暑さのなか、初の出雲路を駆け抜け、アンカーの嶋津雄大（4年）は7位でゴール。合計タイムは2時間15分37秒だった。目標は惜しくも果たせなかったものの、初出場の出雲駅伝で確かな存在感を発揮する。

2022 箱根駅伝常連校へ

22年1月2日。前回、シード権を獲得した創価大学は箱根駅伝に3年連続出場を果たす。わずか数年前まで本戦出場が叶わず、涙を呑んでいたチームが、「総合3位以上」という大きな目標を掲げ、箱根の大舞台へと戻ってきたのである。

どのチームも高速レースを仕掛け、混戦が続くなか、3区の桑田大輔（2年）から、11位で襷を受け取った4区の嶋津雄大（4年）が意地を見せ、1時間1分8秒の区間賞で5位に浮上。5区の三上雄太（4年）も失速することなく、往路8位という好記録でゴールを果たす。

翌1月3日の復路、6区の濱野将基（3年）から8位で襷を受けた7区の新家裕太郎（3年）は区間4位の好走を見せ、チームの順位を5位に押し上げた。

「前を追うことだけを考えて最初から攻めの走りができたのは、前日（往路終了後）に『総合3位の目標はブレずにゴールしよう』という榎木監督の言葉があったからです」（新家）

全日本予選の悔しさを晴ら

す新家の力強い走りはチームに大きな勢いをもたらした。10区の松田爽汰（3年）に襷が渡った瞬間の順位は9位。しかし、最終区で追い込みを見せ、見事に7位でゴールした。

　今大会では、監督車（運営管理車）に、主務の吉田正城（2年）が初めて同乗した。

「めちゃくちゃ緊張しました。3区の桑田が走っている最中、榎木監督からマイクを渡されたのですが、あまりに突然で何を言ったか記憶がありません。でも他大学の主務の方は、監督車に乗ることが目標と言います。主務にとって1年間の集大成が監督車なんです」（吉田）

　こうして、チーム一丸となって戦った結果、総合2位に輝いた前回大会のタイムを26秒更新。10時間56分30秒の好記録を叩き出した創価大学は3年連続でシード権を獲得し、「箱根駅伝常連校」への仲間入りを果たしたのである。

　箱根駅伝の上位10校は関東地区代表として出雲駅伝の出場権を得られるため、この時点で創価大学は22年10月の出雲駅伝への出場が決定したのだ（第98回箱根駅伝の模様は30ページ、出雲駅伝の模様は56ページに詳述）。

桑田大輔

吉田正城

瀬上総監督

全日本予選の厚い壁

　念願の学生三大駅伝出場に向け、挑戦は続いた。これまで何度も阻まれてきた全日本予選を勝ち抜くことが、22年上半期の最大の課題であった。

　創価大学は過去、何度もその高い壁にはね返されてきた。最も出場が近づいたのは16年。3組目を終え、順位は3位だった。

　瀬上雄然総監督（当時、監督）は、あの日のレースを振り返る。

「最終組にはチームの中でいちばん強いメンバーが残っていて、順当にいけば通過できると思っていました」

　しかし、最終組の中盤で一人の選手が腹痛を起こし、救急搬送されたのである。創価大学は思わぬ形で途中棄権。

予選通過の夢が目前で逃げていった。

「確実に突破できるレース展開だと思っていたので、もう頭の中が真っ白になりました。〝ゴールテープを切るまで決着はつかない〟という勝負の難しさを痛感しました。あれ以来、どんな大会でも〝絶対はない〟との思いで挑むようになりました」（瀬上総監督）

その後、創価大学は17年の箱根駅伝に2度目の出場を果たすが、それでも全日本予選の壁は厚かった。

「いま思い返すと、あのころは1年1年がつながっていかなかった。今年が終わると、そこで1回リセット。また翌年スタートして、またリセットという繰り返しでした。だから、選手の記録は伸びても結果がついてこなかったんです。その点、榎木監督は、練習メニューからすべて先々を見据えています。何よりすごいと思うのはブレがないこと。さらに柔軟性も兼ね備えていることです」（同）

前述のとおり、箱根駅伝総合2位の重圧と期待を背負って臨んだ21年の全日本予選は故障者が続出し、結果はまさかの14位。本戦出場には、まったく手が届かなかった。

通例では、駅伝の大会は肌寒い冬に行われることが多いが、全日本予選は毎年6月、梅雨時に開催される。高温多湿の厳しい気象条件に加え、チームを代表して走るプレッシャーなど過酷な条件のもと、棄権者が出ることも少なくない（※05年に東海大、16年に創価大と神奈川大、18年に中央大が途中棄権）。

また、8人の合計タイムを競うものの、「記録」を狙って一定のペースを刻むようなレース展開は少ない。「勝負」を懸けてペースが激しく変動することが多く、「速さ」より「強さ」が求められるレースなのである。

全日本大学駅伝関東地区選考会　過去8年間の記録

	開催年月	会場	関東地区出場枠	総合順位	総合記録	結果
第47回大会	2015年6月20日	慶應義塾大学日吉陸上競技場	上位9校	19位	4′05″43:63	予選敗退
第48回大会	2016年6月18日	さいたま市駒場運動公園陸上競技場	上位9校	—	—	途中棄権
第49回大会	2017年6月18日	さいたま市駒場運動公園陸上競技場	上位9校	11位	3′59″18:38	予選敗退
第50回大会	2018年6月30日	さいたま市駒場運動公園陸上競技場	上位8校	13位	4′10″41:19	予選敗退
第51回大会	2019年6月23日	神奈川県・相模原ギオンスタジアム	上位5校	12位	4′03″32:57	予選敗退
第52回大会	2020年新型コロナ感染拡大に伴い書類選考	10000mのチーム内上位8人の公式記録の合計タイムで選出	上位記録7校	9位	3′53″35:77	予選敗退
第53回大会	2021年6月19日	神奈川県・相模原ギオンスタジアム	上位7校	14位	4′00″19:55	予選敗退
第54回大会	2022年6月19日	神奈川県・相模原ギオンスタジアム	上位7校	3位	3′58″09:99	予選突破！本戦出場！

2022 背水の陣で臨んだ全日本予選

こうして迎えた22年6月19日の全日本予選。

1組目に出場したのは横山魁哉（4年）と志村健太（3年）。多くの4年生が春先からの不調でメンバー入りを逃すなか、期待と責任を担って力走した横山は、2位集団の前方でレースを進め、5位でゴールする。

「これまで（全日本予選は）3回走っているんですけど、どうしても気持ちの弱さが出てしまって、後ろのほうでついていくことしかできませんでした。でも、今回は絶対に結果を残したいという気持ちで先頭に出ることができたので、リベンジできてホッとしています」（横山）

1組目終了時点での順位は11位。通過圏内の7位を目指し、緊迫したレースは続く。

2組目は、今年（22年）の箱根駅伝でチーム唯一の1年生として走った経験を持つ吉田凌（2年）と、今春、入学直後の5000㍍で13分台の記録を叩き出し、今大会直前（6月9日）に行われた「U20日本陸上競技選手権大会」でも、5000㍍で6位入賞を果たしたルーキー・石丸惇那（1年）。

「距離走の練習をあまり積めていなかったので正直、長い

1組目の横山魁哉と志村健太は序盤から前方で攻め、最後まで粘り切った

落ち着いたペースで実力を発揮した2組目の吉田凌と石丸惇那は、チーム順位を押し上げた

距離を走れるか心配だったんですけど、自分は高校時代から試合で大幅に外さないという自負はあるので、その調整力でカバーしました」（石丸）

石丸は初の1万㍍を見事に勝ち抜き、7位でゴール。2組目終了時点で順位を9位まで押し上げた。

3組目を走った桑田大輔（3年）は「自分の走りで、何としても全日本予選を突破したい」との強い決意を持ってスタート地点に立った。

「主力の先輩たちがいない状況でしたけど、思ったより体が動いていて調子もよかったので、（自分たち）2人が崩れずに走れば大丈夫という気持ちがありました」（桑田）

序盤から先頭集団につけた桑田は冷静に仕掛けるタイミングをうかがっていた。残り2000㍍で先頭に立つと、強気の走りでゴールを見据えた。周回を重ねるなか、他大学のエースと最後まで争いながら3位でゴール。

一方、高校時代から全国大会出場経験を持つ野沢悠真（1年）も強気の走りで必死に食らいつき、堂々10位に。2組目で好走した同期の石丸を意識して、こう語った。

「自分が3組と伝えられたときにはちょっと驚きました。でも、先にいい走りを見せられたので、自分も負けられないという強い気持ちでレースに挑みました」

勢いのある1年生は、「俺たちの走りで上級生を刺激できるように頑張ろう」と団結し、チームにいい影響を与えている。

「石丸の2組は想定内でしたが、重圧がかかる3組で野沢を起用したのは驚きました。榎木監督は選手の流れをよく見ています」（瀬上総監督）

「大会直前に行った菅平での合宿練習で、いちばん完璧に走れていたのが野沢でした。彼は長い距離も強いので、スタミナの不安がありません。我慢ができ、大崩れしない選手だと見ていましたので、勝負どころの3組での起用を決めました」（榎木監督）

石丸・桑田・野沢の奮闘で

3組目の桑田大輔と野沢悠真が気迫の走りを見せ、本戦出場権内へと浮上

4組のフィリップ・ムルワと嶋津雄大は、一気に３つも順位を上げる見事な逆転劇でついに初の本戦出場権を勝ち取った

大幅にタイムを稼ぎ、3組終了時点で創価大学は6位（圏内）に浮上。4組目はエース・嶋津雄大（4年）とフィリップ・ムルワ（4年）が存在感を見せつけた。

「榎木監督からの『ペースアップ！ペースアップ！』という呼びかけで、ペースを上げると、監督は、親指を立てて『いいぞ』とサインを送ってくれます。期待に応えられることがうれしい。なので、いつでも監督の声が聞こえるように意識して走っています。創価大学で皆と一緒に走れることが幸せです」（ムルワ）

実力通りの走りを見せたムルワは見事、4組1位でゴール。この記録は出場選手の中でもトップだった。

嶋津は、後方からレースの流れをうかがいつつ、徐々に順位を上げ、12位でゴール。安定した走りで本戦出場を確実なものにした。

「ある程度の順位であれば、初出場を勝ち取れるという手応えはありましたから、リラックスした気持ちで走りました。チームのために、勝ち切れる順位を意識して走れたことはとてもよかったです」（嶋津）

こうして迎えた結果発表の瞬間。「第3位、創価大学」アナウンスと同時に電光掲示板に映し出された「創価大学」の文字。皆の笑顔が弾け、大拍手で喜びを爆発させた。神奈川大学、東洋大学に続く第3位の結果を残し、悲願の全日本大学駅伝の初出場を勝ち取った瞬間、新たな歴史の扉が開かれたのである。

「予選を突破できたこと以上に榎木監督の思い切った采配に驚かされました」（瀬上総監督）

創部50年の節目に、学生三大駅伝すべてに出走することになった創価大学駅伝部。チームの課題について、榎木監督はこう分析する。

「ここいちばんの大事な場面で一人ひとりの強さを出しきれなければ、団体戦の駅伝で勝利することはできません。これまで取り組んできた成果を、本番のレースで100パーセント出しきることにこだわり、三大駅伝を戦い切っていきます」

（学年表記はすべて大会当時のもの）

ダイジェスト

初出場！全日本大学駅伝

創価大学にとって初出場となった全日本大学駅伝。熱戦の模様をここではダイジェスト版で紹介する。

堂々5位でシード権獲得！

2022年11月6日。熱田神宮西門前（愛知県）から伊勢神宮内宮宇治橋前（三重県）へと続く106・8キロ㍍の戦いは序盤からスリリングだった。

10月22日の「平成国際大学長距離競技会」1万㍍で28分33秒58の自己新をマークした横山魁哉（4年）が1区で出走。学生駅伝初出場ながら、各大学の思惑がうごめくレースを冷静に駆け抜け、トップと19秒差の5位と好発進した。

各チームのスピード自慢が集結した2区では葛西潤（4年）の威力が爆発し、駒澤大学のスーパールーキー佐藤圭汰と激しい首位争いを展開。終盤は一瞬遅れながらも、最後は華麗なスパートで抜き去り、赤と青の襷をトップでつないだ。

「（横山）魁哉がいい位置で持ってきてくれたので、先頭で次の区間に渡すのが自分の役目でした。きつかったんですけど、射程圏内ギリギリを保てば巻き返せると思っていました」（葛西）

佐藤や順天堂大学・三浦龍司（3年）らを抑えて区間賞に輝いただけでなく、東京五輪1万㍍日本代表になった伊藤達彦（東京国際大学、現Honda）が保持していた区間記録を5秒も塗り替えた。

伊勢路で最多Vを誇る駒澤大学と互角の戦いを演じた創価大学だったが、その後の選手たちは苦戦し、3区吉田凌（2年）と4区石

熱田神宮西門前でスタートの号砲を待つ1区・横山魁哉

駒澤大学と壮絶なデッドヒートを繰り広げた2区・葛西潤からトップで襷を受け取った3区・吉田凌

チームメートの思いを背負い、初の伊勢路を力走する6区・新家裕太郎

単独走のペース調整に苦しみながらも大健闘した4区・石丸惇那

丸惇那（1年）で6位まで転落した。

しかし、5区の嶋津雄大（4年）が盛り返し、青山学院大学と順天堂大学を抜き去って4位に浮上した。追い上げムードを作ったものの、当日変更で起用された6区新家裕太郎（4年）は本調子ではなかった。後続のチームに飲み込まれ、5位に順位を落としたのだ。

出雲3区に続く区間賞を狙った7区フィリップ・ムルワ（4年）も、うまく波に乗り切れない。区間記録に15秒差と迫りながら、区間3位。一度は順天堂大学の前に出るも、順位を上げることができなかった。

最終8区は10月の「平成国際大学長距離競技会」1万㍍で28分35秒17の自己新をマークした山森龍暁（3年）。初の学生駅伝でアンカーに抜擢されて緊張もあったのだろう。1秒前にスタートした順天堂大学・四釜峻佑（4年）に食らいつくことはできなかったが、最長19・7キロ㍍で順位をキープ。伊勢神宮のゴールに5位で飛び込んだ。

創価大学は「3位以内」を目標に掲げており、優勝争いにも切り込んでいきたいと考えていた。しかし、今回は追い風のコンディションになったとはいえ、予想以上の高速レースになった。4位までが大会新記録で、独走した駒澤大学は従来の記録を4分21秒も短縮したのだ。

強い日差しと暑さに耐えながら、猛烈に追い上げる7区・フィリップ・ムルワ

期待どおりの"魂の走り"で順位を2つ上げた5区・嶋津雄大

2022年 全日本大学駅伝順位

順位	大学名	タイム記録
1	駒澤大学	5時間06分47秒 ★新記録
2	國學院大学	5時間10分08秒 ★新記録
3	青山学院大学	5時間10分45秒 ★新記録
4	順天堂大学	5時間10分46秒 ★新記録
5	創価大学	5時間12分10秒
6	早稲田大学	5時間12分53秒
7	中央大学	5時間13分03秒
8	東洋大学	5時間13分10秒
9	明治大学	5時間15分29秒
10	東海大学	5時間16分01秒
11	東京国際大学	5時間16分41秒
12	神奈川大学	5時間17分30秒
13	中央学院大学	5時間17分56秒
14	大東文化大学	5時間19分07秒
15	日本大学	5時間22分54秒
16	関西学院大学	5時間25分53秒
17	大阪経済大学	5時間27分14秒
18	立命館大学	5時間28分00秒
19	札幌学院大学	5時間32分17秒
20	愛知工業大学	5時間32分42秒
21	皇學館大学	5時間33分26秒
22	環太平洋大学	5時間37分03秒
23	第一工科大学	5時間41分41秒
24	新潟大学	5時間43分18秒
25	東北大学	5時間53分01秒
参考	日本学連選抜	5時間21分35秒
参考	東海学連選抜	5時間31分50秒

優勝した駒澤大学のアンカー・花尾恭輔(3年)

最長区間の8区を快走し、笑顔でフィニッシュテープを切るアンカー・山森龍暁

「3、4区で落ちても5区嶋津で押し上げるという想定どおりのレースはできたと思います。ただ、7区ムルワのところで2位までいきたかった。吉田、石丸、新家は設定タイムに近い走りをしたんですけど、あと20秒ずつ粘ってほしかったですね。3人で約1分。この差を詰めることができていたら、ムルワの走りも変わっていたと思いますし、準優勝争いに加わることもできた」（榎木和貴監督）

それでも初出場でのシード権獲得は〝快挙〟といっていいだろう。葛西が地元を快走して区間記録に名前を刻み、2年生の吉田がトップを走る貴重な経験もした。

「目標の3位には届きませんでしたが、堂々とした走りで5位に入れました。これを自信に変え、箱根では総合優勝という目標に向かって往路から戦う布陣を組み、最後まで先頭争いをしていきたい」（榎木監督）

出雲と全日本で届かなかった大いなる〝夢〟を箱根路で実現させる。

1区 9.5km 熱田神宮西門前 ⇒ファーストカーゴ前（名古屋市港区藤前）

各チームのスピードランナーが集う最短区間。約5.5kmからアップダウンが続き、約7.0km地点から1㎞ほどの下りに。約8.0kmからの上りが最後の勝負ポイントだ。

選手名	横山魁哉	
区間タイム	27'17	（区間 5位）
通過記録	27'17	（ 5位）

2区 11.1km ファーストカーゴ前 ⇒長島スポーツランド前（桑名市長島町）

1区の次に短い区間。序盤の日光川大橋でアップダウンがあり、中盤までほぼ平坦。10㎞地点の木曽川大橋でのアップダウンに加え、海からの突風に要注意な区間。準エース級が集う。

選手名	葛西 潤 ★区間新 ★区間賞	
区間タイム	31'12	（区間 1位）
通過記録	58'29	（ 1位）

3区 11.9km 長島スポーツランド前 ⇒霞ヶ浦緑地前（四日市市羽津甲）

序盤から揖斐長良大橋を渡るなど、1区同様、橋や立体交差による小刻みなアップダウンが続く。9.5km地点の富田浜橋の下りを活かしてギアを上げられるかが勝負を分ける。

選手名	吉田 凌	
区間タイム	34'58	（区間12位）
通過記録	1'33"27	（ 4位）

4区 11.8km 霞ヶ浦緑地前 ⇒ファミリーマート鈴鹿林崎町店前（鈴鹿市林崎町）

中間点を越えるときつい上りがあり、7.0km付近の緩やかな上りでリズムをつかめるかがカギ。気温の上昇と強い風にも要注意だ。ラスト500mの上りで失速しない走りをしたい。

選手名	石丸惇那	
区間タイム	34'51	（区間11位）
通過記録	2'08"18	（ 6位）

5区 12.4km ファミリーマート鈴鹿林崎町店前 ⇒ザ・ビッグエクストラ津河芸店前（津市河芸町）

3.0km付近の緩やかな上りでリズムを崩さず走り、5km地点手前からの下りでスピードに乗りたい。中盤以降は下りだが、晴天なら気温が急上昇する時間帯のため油断ができない。

選手名	嶋津雄大	
区間タイム	36'10	（区間 3位）
通過記録	2'44"28	（ 4位）

6区 12.8km ザ・ビッグエクストラ津河芸店前 ⇒ベイスクエア津 ラッツ（津市藤方）

起伏が少ないつなぎ区間だが、力のある選手を配置できれば順位変動も。疲労が蓄積された中で、緩やかな上り坂が続くラスト1kmは、思いのほか他のチームとの差がつくポイントになる。

選手名	新家裕太郎	
区間タイム	37'57	（区間 7位）
通過記録	3'22"25	（ 5位）

7区 17.6km ベイスクエア津 ラッツ ⇒JAみえなか前（松阪市豊原町）

コースは比較的に平坦だが、約8.0km地点から3kmほど体感しにくい上りが続く。第7中継点の手前2kmほどの緩やかな上りをリズムよく走り、後半の失速を最小限に抑えたい。

選手名	フィリップ・ムルワ	
区間タイム	50'37	（区間 3位）
通過記録	4'13"02	（ 5位）

8区 19.7km JAみえなか前 ⇒伊勢神宮内宮宇治橋前（伊勢市宇治館町）

ＪＲ参宮線の高架を越えた付近からレースは佳境へ突入する。勝負どころは16km過ぎ、皇學館前から続く長い上り坂。この坂を登りきると栄光のゴールテープが待ち受ける。

選手名	山森龍暁	
区間タイム	59'08	（区間11位）
通過記録	5'12"10	（ 5位）

全日本大学駅伝

コースマップ＆区間の特徴

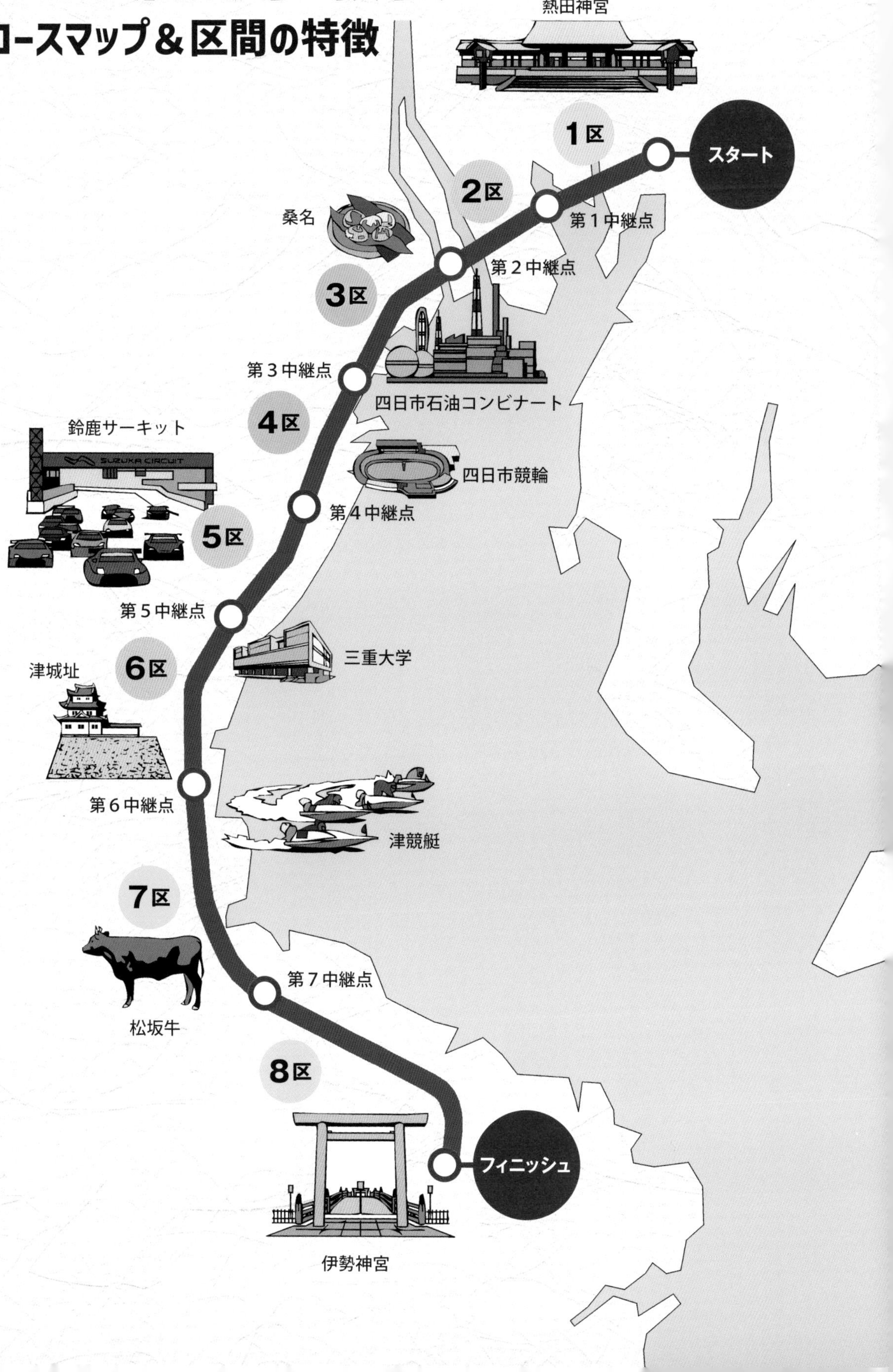

熱田神宮

1区

スタート

2区

第１中継点

桑名

第２中継点

3区

第３中継点

四日市石油コンビナート

鈴鹿サーキット

SUZUKA CIRCUIT

4区

四日市競輪

第４中継点

5区

第５中継点

三重大学

津城址

6区

第６中継点

津競艇

7区

第７中継点

松坂牛

8区

フィニッシュ

伊勢神宮

[TOPICS]

育成の創価

大学駅伝界で活躍が著しい創価大学駅伝部は、「育成の創価」と言われ、その評価は高い。

いまの4年生は、榎木和貴監督の就任と同時に入学した世代だ。入学当初の彼らは、上位5人の5000メートルの平均タイムが、関東主要大学のなかで17位（左ページ表1参照）。お世辞にも速いとは言えない。

しかし、現在は上位5人の1万メートルの平均タイムが6位。成長率はナンバーワンだ（左ページ表2参照）。

榎木監督の就任以来、さまざまな取り組みがなされてきた。まずは月間走行距離「750キロメートル以上」という目標設定だ。就任1年目の夏合宿では、20人以上が目標を達成していた。その中には、当時1年生だった現4年生のメンバーも含まれていただろう。

また、GPSランニングウォッチ「ガーミン」の導入も育成に一役買っている。導入当時、榎木監督は「単に750キロメートル走ればいいわけではなく、選手たちには負荷の割合を説明しています。心拍数も計測できるガーミンは、運動強度の目安を5段階のゾーンで知ることができます」と語っていた。

しかし、「育成の創価」の秘訣はこれだけではないはずだ。

4年間、榎木監督とともに歩んできた現4年生の証言をもとに、その秘密に迫ってみたい。

＊＊＊

松田爽汰

「僕たちの世代は、葛西や濱野以外は、（5000メートルで）15分を切るか切らないかというメンバーばかりだったので、泥臭いというか〝ギラついて〟いましたね」（松田爽汰）

たしかに、入学時に葛西、濱野以外に傍から見て目立つ選手はいなかった。しかし、チームがまだ強くなかったことで〝上に行ってやろう〟という気概にもあふれていたという。

「同期の全員が腐らずにここまでやってこられたのは〝あいつに負けたくない、という気持ちが強かったからだと思います。新家や本田がどんどん這い上がってきましたから、僕も濱野も悠長に構えている余裕はあり

ませんでした」（葛西）
「自分たちの世代は全員、葛西や濱野に追いつこうという気持ちがありました。練習からどんどん（ペースを）上げて、先輩たちには勝てなくても、勝負を挑んでいきました」（新家）
　だからといって、お互い足を引っ張るかというと、そうではない。〝一緒に上にいこう〟という意識も併せもっていた。
「お互いに刺激し合い、切磋琢磨してきたからこそ、全員が少しずつ力を伸ばし、上がってきました。だから地力が強く、安定したタイムで走れるのだと思います」（葛西）
　煎じ詰めるところ、いまの4年生は仲がいいのではないか。本田副主将が微笑ましいエピソードを教えてくれた。
「お互いの誕生日にはプレゼントを用意して写真を撮ったりします。また、4年間、毎月1回の学年ミーティングでお互いの目標を共有してきました。小さなことを継続してやってきたことで、横のつながりが年々、強くなっていきました」
〝ギラついた〟メンバーがそろった学年だからこそ、心の絆を築くための努力を重ねてきたのだろう。
　仲がよければ、また大きな力も発揮できる。大エースであるフィリップ・ムルワも、チームの温かさに感謝する一人だ。
「試合前になると、皆が『絶対できる』『信じてるから大丈夫だよ』と声をかけてくれます。いい走りをすると『おめでとう』の声が途切れないので、とってもうれしいです」
　個性豊かな選手が集まる学年をまとめるのが、真面目で温厚な人柄の緒方貴典主将だ。

表1 現4年生の大学入学前における5000m上位5人平均タイムの順位

順位	大学	タイム
1	青山学院大学	14'09"92
2	東海大学	14'10"63
3	東京国際大学	14'11"57
4	明治大学	14'12"34
5	駒澤大学	14'12"95
6	東洋大学	14'14"80
7	順天堂大学	14'15"36
8	早稲田大学	14'15"61
9	中央大学	14'16"62
10	法政大学	14'17"24
11	日本大学	14'17"52
12	拓殖大学	14'22"86
13	中央学院大学	14'26"36
14	日本体育大学	14'29"05
15	國學院大学	14'29"76
16	神奈川大学	14'30"36
17	創価大学	14'31"01

（2019年3月5日時点）
▲『月刊陸上競技』（2019年4月号より）

表2 現4年生の4年次の10000m上位5人平均タイムの順位

順位	大学	タイム
1	青山学院大学	28'23"75
2	駒澤大学	28'27"09
3	順天堂大学	28'31"01
4	東京国際大学	28'32"42
5	明治大学	28'34"00
6	創価大学	28'36"15
7	日本体育大学	28'43"97
8	國學院大学	28'44"18
9	拓殖大学	28'44"56
10	東海大学	28'48"90
11	日本大学	28'51"02
12	大東文化大学	28'52"39
13	東洋大学	28'51"84
14	中央大学	28'52"46
15	法政大学	29'00"97
16	山梨学院大学	29'03"01
17	中央学院大学	29'06"25

（2022年11月1日時点）
▲『潮』編集部調べ

※平均タイムには留学生も含まれる。ただし、創価大学は表1・表2ともムルワは含まれていない。

本田晃士郎

闘志みなぎる全日本予選直前のポイント練習（2022年6月　創価大学池田記念グラウンド）

「僕の持ち味はポジティブなところだと思うので、持ち前の明るさで、どれだけいい雰囲気を作れるかを意識しています」

　ライバル心もありながら、それぞれが個性を生かしてチームに貢献をする。それが「育成の創価」と言われる所以ではないだろうか。

＊＊＊

「育成の創価」を象徴する選手がいる。新家裕太郎だ。

　入学時の5000メートルの自己記録は、学年で下から3番目の15分5秒。その彼が「絆記録挑戦会」（2022年9月）の5000メートルで、自身の持つ創大歴代日本人記録第2位を更新する13分45秒22を叩き出したのだ。

「榎木監督を信じて練習したことが、速くなれたいちばんの要因だと思います」（新家）

　入学時、学年で下から4番目の選手だった本田副主将も、

「榎木監督自身が丁寧に一人ひとりに合った練習メニューを組んでくださっています」と語る。

榎木監督の指導力に裏打ちされた選手とスタッフとの強い信頼関係も見逃せない側面だ。

「榎木監督は、レースの結果がよければ褒め、ダメだったときには、何がダメだったかを噛み砕いて指導してくださるので、次への課題が明確になるんです」（新家）

　月1回の全体ミーティングも有意義な学びの場となっている。

「先日の全体ミーティングでは、監督自ら高地トレーニングの意味を教えてくださいました。目標の設定なども、他大学を含めた細かな分析のうえで提示されます。選手と一緒に朝練習もされて、本当に尊敬できる監督です」（同）

＊＊＊

　留学生の育成にも注目したい。現在、創価大学駅伝部には、ケニア出身のフィリップ・ムルワとリーキー・カミナ（2年）の2名が在籍。

　ムルワは、榎木監督が就任してすぐにスカウトした選手だ。入学前の1万メートルの自己記録は29分16秒。留学生としては飛びぬけた選手ではなかったが、現在では27分35秒まで記録を伸ばしている。速さのみならず、抜群の安定感と強さを兼ね備えた選手に成長した。

「現地でクロスカントリーの試合を見ました。能力は高くなかったのですが、最後まであきらめない走りが目に留まりました」（榎木監督）

　留学生たちは、言葉の壁をはじめ、ありとあらゆる環境の違いを乗り越えなければ4年間、競技を続けることは難しい。榎木監督はその〝覚悟〟も問うたという。

「彼は、日本の大学で頑張りたいと強く思っていました。自分を選んでもらえたら、命がけで頑張るという覚悟をもってクロスカントリーの試合に来ていたのです。目がキラキラしていました」

その後、ムルワの両親と会った榎木監督は、だれも知らない日本へと息子を送り出す両親の不安を想い、自身の〝覚悟〟を伝えた。

「ご両親には、『私が親代わりになります。4年間、自分の子どもだと思ってお預かりします』と話しました。実際、ムルワはいまでも私に何でも相談してきてくれます」

「レース中、榎木監督の声を聞き逃さないようにしています。監督の指示通りにするといつも成功します」（ムルワ）

榎木監督は、ムルワの表情や走る様子から余力の程度がわかるという。そのため、レース展開を見ながら勝負どころを的確に伝える。また、ムルワも榎木監督が立てた練習メニューを完璧にやり切る。指揮官と選手は、互いに信頼と覚悟をもって競技に挑んでいるのだ。

「僕に声をかけてくれたのは創価大学だけでした。日本で勉強ができて、走れることが幸せです。だから、ケニアの（同じクラブチームの）後輩たちには、『創価大学においで』と声をかけています」（ムルワ）

「彼は、日本語も大学の勉強も一生懸命に取り組んでいます。今年（22年）6月の関東インカレをケガで欠場を余儀なくしたときは、泣いて悔しがっていました。それぐらいの覚悟をもっています」（榎木監督）

留学生だからといって、必ずしも結果を出し続けられるわけではない。〝4年間でどれだけ育成できるか〟も、群雄割拠する大学駅伝界で生き残るための重要な要素だ。創価大学は、その点でも成功しているといえるのではないか。

「育成の創価」――それは、選手だけで成し得たものではない。駅伝部を取り巻く多くの人たちの力によって築かれている伝統なのだ。

池田記念グラウンドで練習に励むムルワ（前）とカミナ（後）

記入して観戦にご活用ください

1区 21.3km
大手町⇒鶴見

午前8時にスタート。全体的に平坦なコースで、起伏は7.8km付近の新八ツ山橋と18km付近の六郷橋くらい。終盤の勝負で六郷橋の上りや下りを使い、スパートを仕掛けることが多い。

選手名

区間タイム

（区間　　位／チーム順位　　位）

区間記録／1時間0分40秒（22年）
吉居大和（中央大学）

2区 23.1km
鶴見⇒戸塚

前半は平坦なコース。横浜横須賀道路のガードを潜る14km付近から約20m上る権田坂があり、ラスト3kmには標高差で約40mの上り坂が待ち構える。エースの力量が問われる激戦区間。

選手名

区間タイム

（区間　　位／チーム順位　　位）

区間記録／1時間05分49秒（21年）
イエゴン・ヴィンセント（東京国際大学）

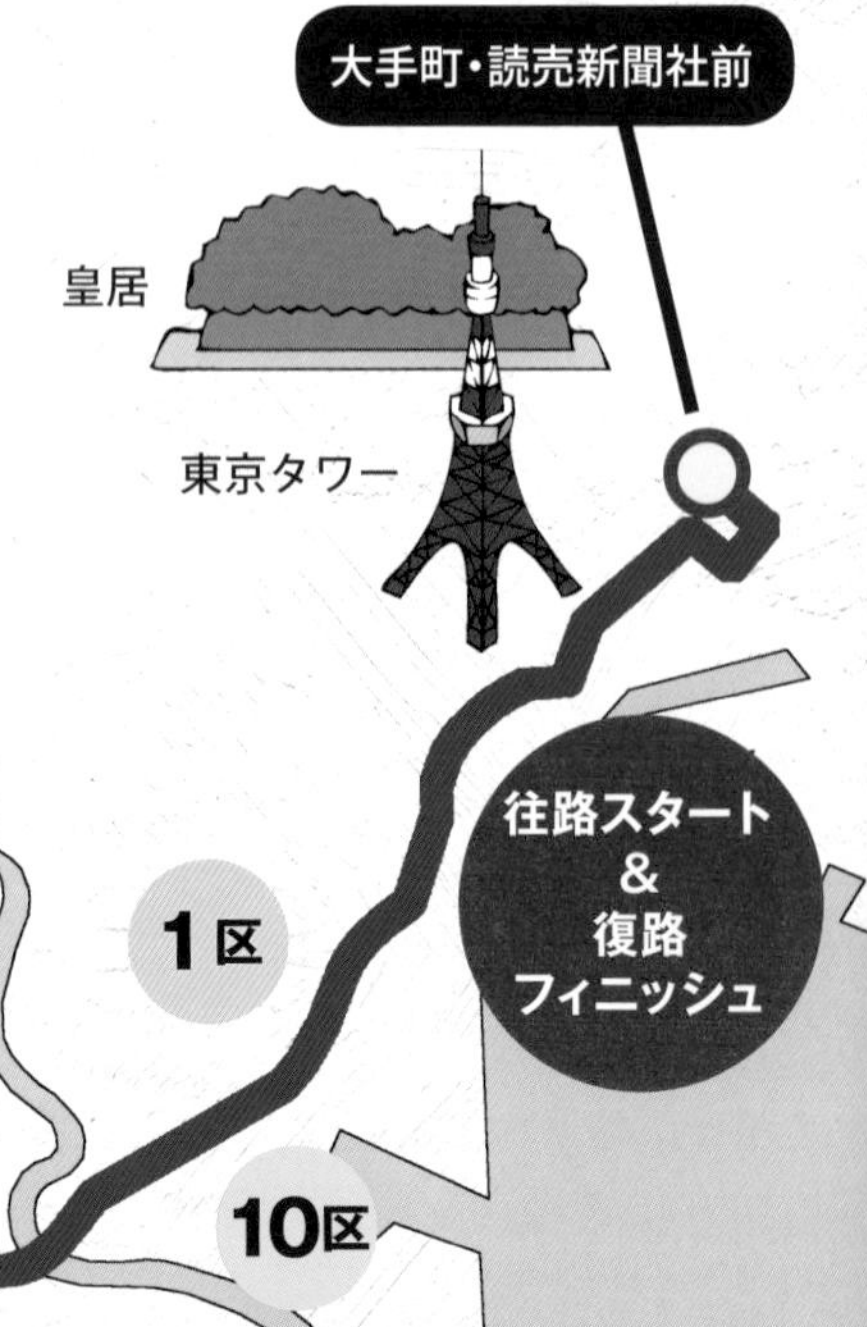

9区 23.1km
戸塚⇒鶴見

勝負のカギとなる「復路のエース区間」であり、2区とならぶ最長区間。スタートしてすぐに急な下り坂があるため、スピードに乗りやすく、ラストが上りの2区にくらべて走りやすい。

選手名

区間タイム

（区間　　位／チーム順位　　位）

区間記録／1時間07分15秒（22年）
中村唯翔（青山学院大学）

10区 23.0km
鶴見⇒大手町

アップダウンは六郷橋と新八ツ山橋ぐらいで走りやすいが、天候によっては急上昇する温度と、ビル風に悩まされる。何より勝負を決する重圧が大きく、最期まで何が起こるかわからない。

選手名

区間タイム

（区間　　位／チーム順位　　位）

区間記録／1時間07分50秒（22年）
中倉啓敦（青山学院大学）

箱根駅伝 コースマップ＆区間の特徴＆観戦シート

5区 20.8km
小田原⇒箱根

標高約40mから出発。箱根湯本駅の先から約13kmにわたって上り坂が続く。16.3km付近で標高874mの「1号線最高地点」に到達。その後は一気に下り、最後の約1kmは緩やかな上り坂だ。

選手名

区間タイム

（区間　　位／チーム順位　　位）

区間記録／1時間10分25秒（20年）
宮下隼人（東洋大学）

4区 20.9km
平塚⇒小田原

海岸線の大磯駅前歩道橋から再度、国道1号線へ。松並木を抜けると、12km手前の国府津駅までは細かい起伏が続く。後半はいくつもの橋を渡り、終盤では標高差で30m上る厳しい区間だ。

選手名

区間タイム

（区間　　位／チーム順位　　位）

区間記録／1時間0分30秒（20年）
吉田祐也（青山学院大学）

3区 21.4km
戸塚⇒平塚

原宿第一歩道橋の1km付近から浜見山交差点までの約9kmで、約60mの標高差を下る「スピード区間」だ。12kmを過ぎて国道134号線に入ると、強い向かい風に苦しめられることも。

選手名

区間タイム

（区間　　位／チーム順位　　位）

区間記録／59分25秒（20年）
イエゴン・ヴィンセント（東京国際大学）

6区 20.8km
箱根⇒小田原

序盤は上り中心で、4.5kmの「1号線最高地点」から一転して、ダウンヒルコースに。コーナーが連続するため、コース取りが重要で、最短距離をうまく突きながら走ることが求められる。

選手名

区間タイム

（区間　　位／チーム順位　　位）

区間記録／57分17秒（20年）
館澤亨次（東海大学）

7区 21.3km
小田原⇒平塚

最も気温差が激しい区間。午前9時前後の小田原中継所は冷え込むことが多く、晴れると海岸線の気温が上がるので注意が必要だ。7区は全10区間のなかで最も走りやすい区間でもある。

選手名

区間タイム

（区間　　位／チーム順位　　位）

区間記録／1時間01分40秒（20年）
阿部弘輝（明治大学）

8区 21.4km
平塚⇒戸塚

9.5km付近の横須賀歩道橋を左折すると上り気味のコースに。とくに15.6km地点の遊行寺の坂は、山を除けば箱根駅伝最大の難所だ。攻略が難しいコースだけに、タイム差がつきやすい区間。

選手名

区間タイム

（区間　　位／チーム順位　　位）

区間記録／1時間03分49秒（19年）
小松陽平（東海大学）

第99回箱根駅伝の展望

2022年の学生駅伝は1月の箱根、10月の出雲、11月の全日本。そのすべてで大会新記録が誕生した。高性能シューズと最先端のトレーニングで学生ランナーたちのレベルは急上昇している。2023年1月2・3日に開催される第99回箱根駅伝は、どんなドラマが待っているのだろうか。

第98回大会では青山学院大学が2位以下に10分以上の圧倒的な差をつけ、大会新記録を樹立。6度目の総合優勝を果たした。

三大駅伝三冠に駒澤大学が王手

第99回大会の大本命は出雲と全日本で独走Vを果たした駒澤大学だ。トラックの記録は過去最高水準に到達。花の2区が濃厚な田澤廉（4年）は全日本7区で驚異的な区間記録を樹立している。エース田澤で先制攻撃を仕掛けて、圧倒的なスピードで逃げ切る戦略になるだろう。

前回の箱根王者・青山学院大学も連覇に向けて戦力が充実している。出雲は4位、全日本は3位に終わったが、箱根へのピーキングは抜群だ。5000メートル13分台を25人以上擁する巨大戦力のなかから、絶好調の10人で勝負してくる。

前回準優勝の順天堂大学は適材適所のメンバーに加えて、三浦龍司（3年）のスピードが強烈。出雲と全日本で2位に入った國學院大学もキャラクターの異なる選手が揃い、正月決戦に自信を深めている。

出雲で3位に入った中央大学は前回1区で区間新記録を打ち立てた吉居大和（3年）の爆発力が脅威だ。ほかにも前回箱根3位の東洋大学、強力な留学生を擁する東京国際大学などが虎視眈々と王座を狙っている。

そのなかで創価大学はどのような戦いを挑むのか。

総合優勝に目標を定めギアを上げる創価大学

榎木和貴監督が就任4年目を迎えた今季は「強さの証明」をスローガンに掲げて、さらなる進化を目指してきた。4月の「日本学生個人選手権」1万㍍は葛西潤と嶋津雄大（ともに4年）がワン・ツーを達成。大学初となる「FISUワールドユニバーシティゲームズ」代表に内定した。大会は延期したが、榎木監督が就任時に描いていた「日本代表選手を育てる」という大きな目標に〝到達〟したことになる。

何度も跳ね返されてきた6月の「全日本大学駅伝関東地区選考会」（全日本予選）は葛西、新家裕太郎（4年）ら主力選手を欠きながら3位で突破。石丸惇那、野沢悠真というルーキーも予選通過に貢献した。6月末には新寮に引っ越して、より恵まれた環境のなかで強化を続けている。

夏合宿を経て、選手たちはさらにたくましくなってきた。10月10日の出雲駅伝は前年をひとつ上回る6位。出雲を外れたメンバーは長野・菅平で強化合宿を行った。10月16日の「東京レガシーハーフマラソン」では蒸し暑さのなかでリーキー・カミナ（2年）が初ハーフを62分31秒で走破。吉田凌（2年）と本田晃士郎（4年）は63分台をマークしている。そして11月6日の全日本大学駅伝は初出場でシード権獲得となる5位に食い込んだ。

チームには前回の箱根経験者が8人残っている。1区15位の葛西、2区2位のフィリッ

全日本大学駅伝で区間賞を獲得したスピードランナー。箱根での活躍にも注目が集まる。右から1区・ピーター・ワンジル（大東文化大）、2区・葛西潤（創価大）、3区・石原翔太郎（東海大）、4区・山川拓馬（駒澤大）、5区・青木瑠郁（國學院大）、6区・吉居大和（中央大）、7区・田澤廉（駒澤大）、8区・花尾恭輔（駒澤大）。

第99回箱根駅伝 出場校一覧（21チーム）

【シード校10校】

1	青山学院大学	15年連続28回目
2	順天堂大学	12年連続64回目
3	駒澤大学	57年連続57回目
4	東洋大学	21年連続81回目
5	東京国際大学	6年連続7回目
6	中央大学	6年連続96回目
7	創価大学	4年連続6回目
8	國學院大学	7年連続16回目
9	帝京大学	16年連続24回目
10	法政大学	8年連続83回目

【予選会上位10校】

11	大東文化大学	4年ぶり51回目
12	明治大学	5年連続64回目
13	城西大学	2年ぶり17回目
14	早稲田大学	47年連続92回目
15	日本体育大学	75年連続75回目
16	立教大学	55年ぶり28回目
17	山梨学院大学	3年連続36回目
18	専修大学	3年連続71回目
19	東海大学	10年連続50回目
20	国士舘大学	7年連続51回目
	関東学生連合	（オープン参加）

文／酒井政人（スポーツライター）

全日本大学駅伝に出走し、初の伊勢路を駆け抜けた創価大学の8人の選手たち

プ・ムルワ（4年）、3区17位の桑田大輔（3年）、4区区間賞の嶋津、6区9位の濱野将基（4年）、7区4位の新家、8区8位の吉田、10区5位の松田爽汰（4年）だ。そこに出雲5区5位の石井大揮（3年）、全日本1区5位の横山魁哉（4年）、全日本でアンカーを務めた山森龍暁（3年）、出雲と全日本を経験した石丸。さらに主将・緒方貴典（4年）、ハーフ62分台の小暮栄輝と野田崇央（ともに2年）らがレギュラーの座を争っている。

出雲の主要3区でムルワが駒澤大学・田澤を抑えて区間賞（区間新）を獲得。全日本では各校のスピード自慢が集結した2区で葛西が区間賞・区間新でトップ中継を果たすなど、エースたちの突破力は増している。選手層も厚くなり、総合力は各段に高くなっているが、榎木監督はもっとギアを上げないといけないという。

「全日本は想定していたタイムを上位校が大きく超えてきました。箱根では想定を上げないと目標には届きません。残りの時間で競争力を上げて、チームを研ぎ澄ませていきたいですね。全日本は2週間前にトラックレースに出場するなど強化の延長で臨みました。チームとしてはこれが最大限の戦力ではありません。箱根にしっかりと合わせて仕上げていけば、もっと精度の高い走りができると思います。自信を持って総合優勝を狙いにいきたい」

今後の状況次第ではあるが、ムルワは3年連続の2区が濃厚。葛西は全日本のようなシャープな走りが期待できる。5区は新家が志願しており、嶋津も夏合宿の上り坂トライアルで快走。ルーキー野沢も上り候補に挙がっている。いずれにしてもムルワ、嶋津、葛西という学生長距離界を代表する〝3人のエース〟が往路に配置されれば、確実にトップ争いに加わるはずだ。さらに5区で好走できれば、第97回大会（21年）の〝再現〟も夢ではない。

箱根路で数々のドラマを作ってきた嶋津が、「本当に最後の学生駅伝になります。（チームに）1年残った意味を自分でも確かめられるように、全力で臨みたい」と言えば、葛西も「箱根は区間賞を目指して、チームの目標達成に貢献したい」と静かに燃えている。

創価大学、6度目の箱根路がまもなく幕を開ける。

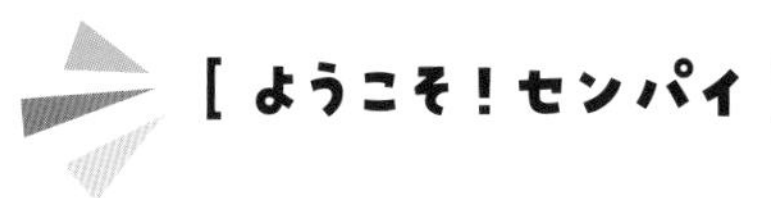

箱根の悔しさをバネに 実業団で活躍！ 目指すはパリ五輪

上田結也

うえだ・ゆうや
1997年生まれ、熊本県出身。九州学院高校から2016年、創価大学文学部に入学（46期生）。大学卒業後、佐賀県のひらまつ病院に就職。実業団選手としてニューイヤー駅伝に出場するなど、活躍を続けている。

悔いの残った箱根駅伝

2020年1月3日、第96回箱根駅伝の最終区でアンカー・嶋津雄大が区間新記録の激走を見せ、創価大学駅伝部は総合9位でフィニッシュ。3度目の出場にして創部史上初のシード権をつかみ取り、創価大学の名を世間に強く印象づけた。

チームが成し遂げた快挙をともに喜びつつ、内心では拭いきれない悔しさを抱えている一人の駅伝部員がいた。上田結也である――。

当時、4年生だった上田は、前年10月に行われた箱根駅伝予選会に出場していた。予選会は、各チームの上位10名のトータルタイムを競い合う。

「直前の夏合宿では大学生活のなかでいちばん練習を積めた」と自信をつけて予選会に臨んだ上田だったが、結果はチーム内で11位。トータルタイムに反映すらされなかった。チームは予選を5位で通過し、3年ぶりに本戦への出場が決まった。

「この悔しさを箱根の舞台で晴らそう」と、気持ちを切り替えて練習に取り組んだが、不運にも直後に故障に見舞われる。箱根駅伝出場への道が実質的に絶たれた瞬間だった。

「高校3年のときの都大路（全国高校駅伝）では、在学していた九州学院高校が14年ぶりに準優勝したんです。でも、僕は予選の後、調子を崩してしまい、本戦には付き添いとして参加しました。そして、大学4年間では一度も箱根駅伝の本戦を走ることができませんでした。4年のときにはチームとして初シード権を獲得できた喜びはあったんですけど、個人としては〝またあのときと同じじゃないか〟という悔しい思いが残りました」

過去の失敗が実業団での成長に

上田は大学卒業後も実業団選手として競技を続けるつもりだった。ところが、目立った成績を残すことができず、希望する企業からは声がかからない。卒業が近づいても進路は決まっていなかった。

そんな上田の苦悩を見守っていたのが榎木和貴監督だった。最終的に、監督の紹介で陸上部があるひらまつ病院（佐賀県）への就職が決まる。ここから、実業団選手としての挑戦が始まった。

「スポーツで地域を元気にする」との理念を掲げるひらまつ病院に陸上部が設立されたのは2010年。18年には、毎年元日に行われるニューイヤー駅伝（全日本実業団対抗駅伝）への初出場を決めた。上田が入社する20年の元日には3年連続でのニューイヤー駅伝出場を果たすなど、伸び盛りのチームだった。当然、上田も「ニューイヤー駅伝に出場して活躍をすること」を目標に掲げる。1年目から「九州実業団毎日駅伝」に出場し、区間8位と好走。チームも7位で4年連続のニューイヤー駅伝の出場権を獲得した。

迎えた21年の大会当日。まわりには箱根駅伝で名を轟かせた猛者たちがいた。レースを終え、「とにかく力の差を痛感した」と語る上田。しかし、大舞台を踏んだことで、何かが変わった。ここから記録が着実に伸び始め、22年5月に開催された「ゴールデンゲームズ in のべおか」の5000㍍では、13分43秒14と自己ベストを大幅に更新。大学時代に比べ、32秒もタイムが縮まり、周囲も不思議がるほどの急成長ぶりだった。

大学と違って、一般的に実業団の練習は、選手が自らメニューを組んでトレーニングする時間が長い。しかも、日中はフルタイムで勤務する。

上田も職場ではデイサービスの利用者の送迎などに従事しており、週2回のチーム練習の日だけが時短勤務となる。大学時代よりも〝不自由〟な環境で記録を伸ばせた背景には、これまでの〝失敗〟が関係しているという。

「大学のときは練習メニュー

ルーキーとしてニューイヤー駅伝で3区を疾走する（2021年1月1日）

の意図をいつも説明されていましたが、当時の自分には〝メニューをこなす〟という甘い姿勢がありました。でも、いまはあのころの反省を生かして、練習の意図を考え抜いています。また、身体のケアに対する意識も変わりました。学生時代のさまざまな苦しい失敗があったからこそ、いまの成長があるのだと思います」

ライバルとともに目指すパリ五輪

上田にとって常に意識しているライバルが大学時代のチームメートであり、現在は同じ実業団選手として活躍している米満怜（コニカミノルタ所属）だ。

創価大学が箱根駅伝に2度めの出場を果たした第93回大会で、同期の米満は1年生ながら本戦に出場。8区を区間3位の好記録で走り切った。初めてシード権を獲得した第96回大会では、米満が1区を走り、創価大学初の区間賞を獲得。上田にとってはまぶしすぎる存在だった。

それがいまでは、各種大会の5000㍍や1万㍍で上田は米満と互角の成績を残している。よきライバルとして触発し合う二人の目標は、パリ五輪（陸上トラック競技）への出場だ。代表選考にもかかわる23年の日本選手権に向け、お互い切磋琢磨している。

日体大長距離競技会に出場
（2022年10月1日）

「両親をはじめ、中学、高校、大学の恩師など、これまでの陸上生活を支えてくれた方々や創価大学駅伝部の仲間たち、そして米満の存在が僕の大きな力になっています。とくに今年初めて三大駅伝すべてに出場する後輩たちからは、大きな刺激をもらっています。僕も後輩に負けないよう、さらに結果を出していきます」

上田を4年間、励まし続けた創価大学駅伝部の瀬上雄然総監督は、「上田は、本当に走ることが好きな選手だった」と振り返る。

箱根駅伝に出場することは、関東の強豪校の選手にとって大きな目標であることは間違いない。ただ、選手として箱根に出場することがすべてではないことを、上田はいまでも走り続けることで教えてくれている。

写真提供／ひらまつ病院

Special Interview
アスリートを支えた家族の肖像

創大駅伝部で培った『負けじ魂』で最後に必ず勝利する

大山喜美子

かつて、創価大学駅伝部で主将を務めた大山憲明さんの母・喜美子さん——。憲明さんがお腹の中にいるときに事故で夫を喪うなど、その歩みは波乱に満ちていた。強き決意で憲明さんの走りを支えてきた母は、近年の創価大学駅伝部の活躍を、どのような思いで見つめているのだろうか。

亡き夫の夢を背負い 息子も陸上競技の世界へ

創価大学駅伝部で2015年と17年の二度、箱根駅伝に出場し、4年次には主将も務めた大山憲明さん。

現在は実業団のコニカミノルタ陸上競技部で活躍中だが、その母親が大山喜美子さんだ。

喜美子さんの夫・憲雄さんは、95年3月、35歳の若さで交通事故により急逝。そのとき、憲明さんはお腹の中にいた。

「憲明の妊娠がわかったのは、事故の2カ月前でした。夫の死のショックで流産しかかってしまい、お通夜や

大山喜美子 おおやま・きみこ

1962年、熊本県生まれ。熊本大学教育学部卒業。同大学院修士課程修了後、家庭科教諭に。91年より私立大牟田高校に奉職、現在に至る。95年に夫を事故で喪い、その後は女手一つで3人の子どもを育て上げた。現在も同高校で一人ひとりに寄り添いながら家庭科を教え、創価大学駅伝部と、息子が所属するコニカミノルタ陸上競技部の応援を続けている。熊本県熊本市在住。

第93回箱根駅伝では1区で出走。
各大学がしのぎを削る激しいレースのなか、
トップから約1分の差で襷をつないだ

葬儀の直前まで病院で点滴を受けていました」

その年の8月、予定より1か月半も早く生まれた憲明さんは1526グラムの低出生体重児だった。喜美子さんは高校教諭の仕事をしながら、まだ幼かった2人の娘と憲明さんを女手一つで育てた。

中学、高校と進むにつれ、憲明さんは陸上競技の世界で天分を開花させていった。それは、亡き父・憲雄さんから受け継いだ才能にほかならない。中学校の体育科教諭をしていた憲雄さんは、中学時代に三種競技A優勝、高校総体では三段跳びで全国3位に輝いたアスリートであった。

「憲明は、中学校ではサッカー部に所属していましたが、毎年秋になると陸上選抜チームのメンバーとして各種大会に出場していました。県大会に出場したことをきっかけに『高校では本格的に駅伝をやってみたい』と考えたようです。私の勤務する大牟田高校は駅伝の名門なので、同僚でもある駅伝部の赤池（健）監督に相談し、進学を決めました」

憲明さんは、大牟田高校で寮生活をしながら駅伝部の練習に明け暮れ、3年連続で都大路（全国高校駅伝）にも出場。チームメートは箱根駅伝の強豪校を目指していたが、憲明さんは早い時期から、当時は箱根未経験だった創価大学に進むことを決めていた。高校1年のころに創価大学の瀬上雄然監督（現・総監督）から勧誘を受け、折に触れ激励を受

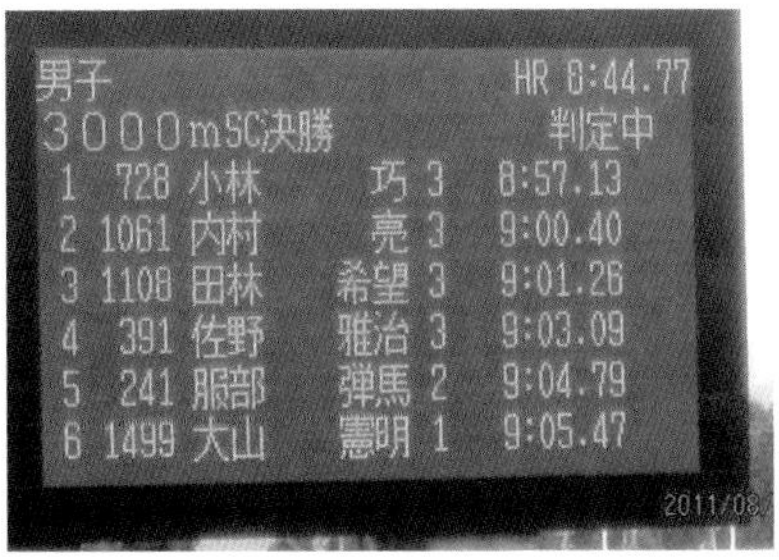

高校１年のインターハイでは、男子3000m障害で6位と大健闘（2011年8月 岩手・北上総合運動公園陸上競技場）

けてきたからだ。

憲明さんが大学に入学した最初の正月（15年1月2日）、創価大学は悲願の箱根駅伝初出場を果たし、1年生ながら4区を任された憲明さんは区間10位の成績を残した。

「その前から憲明はずっと、『絶対に箱根駅伝に出るから』と言っていました。私も、メールやLINEのやりとりでは『絶対に箱根に行こうね。応援しているからね』と、いつも励ましていたのです」

創価大学の卒業式で（2018年3月）

17年、憲明さんが3年次に箱根駅伝で1区を任されたとき、喜美子さんは沿道でその力走を見守った。

「そのあと、鶴見中継所の選手控えのテントに行って息子を探しました。憲明は17位で先頭から1分差だったので、少し落ち込んだ様子でしたが、私は『よく頑張ったね。お母さんはうれしいよ』と声をかけました」

その何気ない言葉には、万感の思いが込められていた。というのも、前年4月に起きた熊本地震で喜美子さんは被災者となり、苦難を乗り越えての応援であったからだ。

「地震で、わが家も断水と停電が続きました。娘たちはもう独立していたので、私は真っ暗な家に一人で取り残されて不安な思いをしました。その後、勤務先の高校の女子寮で避難生活をさせてもらったんです。憲明はずいぶん心配してくれましたし、あの地震を境に、駅伝に取り組む気持ちも変わったようです。その年、瀬上さんの配慮で創価大学駅伝部は熊本での合宿を行ったのですが、それまでとは目の色が変わったと感じました。『自分の走りでお母さんと熊本の皆さんを励ましたい』との思いが伝わってきました」

「だれかのため」との思いが高まるとき、人は大きく成長する。故郷の大地震は、憲明さんにとって大きな転機となったのだ。

熊本地震から半年後、創価大学駅伝部は2年ぶり2回目の箱根駅伝出場を勝ち取った。

「私は箱根駅伝本戦よりも、予選会（16年10月）3位で本戦出場を決めたときのことが、強く印象に残っています。わが子ながら、『魂の走り』を見せてくれたと感じたからです」

心機一転！ 負けても、最後に勝てばいい

憲明さんの大学進学以来、現在まで熊本と東京に離れて暮らす母と息子だが、心は常に共にある。電話やLINEでも頻繁にやりとりを重ねてきた。

喜美子さんは、憲明さんの出場したレースの記録をこと細かにノートに記してきた

「憲明はLINEにも後ろ向きなことは書かない子ですが、悩みや落ち込むことがあるときにはなかなか返信がこなくて、それで心理状態がわかるのです」

憲明さんは4年次に駅伝部の主将となった。だが、その年（17年）の予選会で創価大学は惜しくも12位となり、翌年の箱根駅伝出場を逃す（出場は10位まで）。

予選会後、皆の前で「主将として不甲斐ない走りをしてしまい申し訳ない」と涙ながらに語った憲明さん。母の喜美子さんも、その思いを共有していた。

「憲明（の個人記録）は全体で47位でした。主将として、もっと上位で走らなければならなかったのです。私も主将の母として申し訳ない気持ちでいっぱいでした。憲明が出る試合はいつも克明に記録をつけているのですが、あの予選会は何も記録していなくて、ノートが真っ白なんです。それくらいショックだったんですね」

喜美子さんは、強く厳しい母でもある。このときは憲明さんに対し、あえて突き放すような言葉をかけたという。

「予選敗退したあと、『負けたのは弱かったからだよ。主将のあなたに〝箱根に行けて当然だ〟という慢心と油断があったんだと思う』と伝えました。うちは家族LINEで娘たち（憲明さんの姉2人）もそうしたやりとりを目にしますから、『お母さん、憲明にプレッシャーかけすぎ！』と叱られることもあります（笑）。でも、私としては、強くなってほしいからこそ厳しく言うんです。勝てないときには勝てない理由が必ずあるし、最後に勝てばいい……。いつもそう思っています。あの時点で、すでに憲明はコニカミノルタから内定

をいただいていましたので、『次は実業団で必ず結果を出そう！』と、すぐに気持ちを切り替えました」

憲明さんはいま、コニカミノルタ陸上競技部で、マラソンと駅伝に的を絞り、日々鍛錬を重ねている。

「実業団は大学よりも厳しい、結果がすべての世界です。その中で、何とか大きな結果を出そうと懸命に頑張っています。憲明にとって幸いだったのは、大牟田高校と創価大学駅伝部でも後輩だった米満（怜）くんがチームメートになったことです。彼の存在は心強いと思いますし、お互い励まし合っているようです」

そして、創価大学駅伝部が箱根常連校へと躍進したことを、喜美子さんは心から喜んでいる。

「寮などの設備の面でも、指導体制の面でも、いまの創価大学駅伝部はすばらしい環境だと思います。創立者のご期待と励ましに感謝は尽きません。私も、具体的に何ができるというわけではないのですが、『憲明と創価大学駅伝部を絶対に勝たせるんだ』という思いで、いまもずっと声援を送り続けています。憲明には、創価大学駅伝部で培った『負けじ魂』で、いつか日本を代表する選手になってほしい。それが、母としての願いです」

八王子ロングディスタンスに出場し、力走する憲明さん
（2021年11月）　撮影 小野口健太

月刊「パンプキン」2022年12月号の記事に加筆。 取材・文／前原政之　写真／香月信二　写真提供／コニカミノルタ株式会社

選手・スタッフ紹介

SOKA University　陸上競技部駅伝部

スタッフ紹介

コーチ
久保田 満

監督
榎木 和貴

総監督
瀬上 雄然

部長
篠宮 紀彦

かたおか わたる
片岡 渉

①経営学部 経営学科 ②大阪
③大阪高校 ④165cm・55kg
⑤ありがとう
⑥野球観戦、みんなを元気にすること、温泉
⑦だれからも慕われる人間になる
5000PB 14’18”44（2020.12）
10000PB 30’21”99（2021.2）
ハーフPB 68’00（2022.11）

かさい じゅん
葛西 潤

①文学部 人間学科 ②愛知
③関西創価高校 ④175cm・60kg
⑤死ぬ気でほどほどに
⑥ラジオを聴くこと
⑦ビッグマン
5000PB 14’06”33（2018.10）
10000PB 28’21”72（2022.3）
ハーフPB 65’03（2019.10）

いちはら りきや
市原 利希也〈寮長〉

①経営学部 経営学科 ②愛知県
③名経大高蔵高校
④162cm・49kg
⑤がんばれではなくお疲れさま
⑥noteやってます
⑦最高の思い出創ります！
5000PB 14’28”44（2021.11）
10000PB 29’34”56（2021.2）
ハーフPB 64’41（2022.4）

おがた たかのり
緒方 貴典〈主将〉

①教育学部 教育学科 ②熊本県
③熊本工業高校 ④167cm・53kg
⑤応援は力に、感謝は結果に
⑥写真を撮ること
⑦勝負強いマラソンランナーになる
5000PB 14’14”20（2021.9）
10000PB 28’42”44（2021.11）
ハーフPB 63’01（2021.11）

フィリップ・ムルワ

①経済学部 経済学科 ②ケニア
③キテタボーイズ高校
④165cm・45kg
⑤Forward Ever Backward Never
⑥ランニング、音楽を聴くこと、映画鑑賞
⑦出雲駅伝・全日本大学駅伝・箱根駅伝で優勝し、有名なマラソンランナーになること
5000PB 13’29”42（2021.11）
10000PB 27’35”29（2021.11）
ハーフPB なし

はまの まさき
濱野 将基

①法学部 法律学科 ②神奈川県
③佐久長聖高校 ④169cm・54kg
⑤今日敗者の君たちよ、明日は何者になる？
⑥ゲームをする、カフェに行く
⑦三大駅伝に出走するだけじゃなく、その場で他校と勝負できる選手になる！
5000PB 14’06”76（2018.10）
10000PB 28’37”06（2021.11）
ハーフPB 65’24（2022.3）

にいなえ ゆうたろう
新家 裕太郎

①経営学部 経営学科 ②大阪府
③大阪高校 ④182cm・60kg
⑤真面目になる
⑥買い物、映画、炭酸を飲むこと、友だちと遊びに行くこと
⑦三大駅伝主要区間で区間賞を取ること。3000mSCで日の丸を背負うこと
5000PB 13’45”22（2022.9）
10000PB 28’45”93（2021.11）
ハーフPB 66’04（2020.2）

しまづ ゆうだい
嶋津 雄大

①文学部 人間学科 ②東京都
③若葉総合高校 ④170cm・55kg
⑤気分さえ上がれば大抵のことは上手くいく。心で走る
⑥小説執筆、将棋、歌
⑦三大駅伝に挑戦し、自分らしい走りをこれからも貫く
5000PB 13’59”18（2022.7）
10000PB 28’14”23（2021.11）
ハーフPB 63’18（2022.5）

①学部・学科
②出身地
③出身高校
④身長・体重
⑤モットー・好きな言葉
⑥趣味・特技・気分転換の方法
⑦今後の夢や目標、抱負
●PB記録（大会実施年月）
5000PB
10000PB
ハーフPB
※2022年11月13日現在

よこやま かいや
横山 魁哉

①経済学部 経済学科 ②静岡県
③島田高校 ④174cm・53kg
⑤挑戦
⑥映画鑑賞、サッカー、食べたい物を食べまくる
⑦三大駅伝を走り、チーム目標に貢献する
5000PB 13’57”61（2022.5）
10000PB 28’33”58（2022.10）
ハーフPB 63’57（2022.11）

まつだ そうた
松田 爽汰

①文学部 人間学科 ②滋賀県
③滋賀学園高校 ④176cm・66kg
⑤やるときは精一杯やるサボるときは目一杯サボる
⑥デート、麻雀
⑦箱根駅伝区間賞
5000PB 14’02”30（2022.4）
10000PB 29’32”49（2021.11）
ハーフPB 63’01（2022.3）

ほんだ こうしろう
本田 晃士郎〈副主将〉

①経済学部 経済学科 ②福岡県
③関西創価高校 ④168cm・56kg
⑤コツコツが勝つコツ
⑥サウナ、ゲーム（APEX）
⑦箱根駅伝復路（6区以外）で区間賞取ります
5000PB 14’20”73（2022.4）
10000PB 29’19”42（2022.4）
ハーフPB 63’05（2022.1）

桑田 大輔（くわた だいすけ）

①文学部 人間学科 ②鳥取県
③八頭高校 ④172cm・52kg
⑤先を見た行動
⑥睡眠
⑦箱根駅伝総合優勝
5000PB 14'02"85（2022.9）
10000PB 28'38"46（2021.11）
ハーフPB 65'17（2021.11）

上杉 祥大（うえすぎ ひろと）

①経営学部 経営学科 ②東京都
③東大和高校 ④168cm・53kg
⑤やらず後悔よりやって後悔
⑥ミュージックビデオ・ドラマ鑑賞、野球
⑦三大駅伝に出場する
5000PB 14'14"58（2022.4）
10000PB 29'18"60（2021.11）
ハーフPB ー

石井 大揮（いしい だいき）

①経営学部 経営学科 ②岡山県
③倉敷高校 ④178cm・66kg
⑤自由
⑥いっぱい食べること
⑦三大駅伝に出場し、チーム目標に貢献します
5000PB 14'08"75（2022.10）
10000PB 29'15"38（2021.11）
ハーフPB 63'58（2021.11）

有田 伊歩希（ありた いぶき）

①経済学部 経済学科 ②大阪府
③大阪高校 ④186cm・62kg
⑤往く者は追わず、来る者は拒まず
⑥買い物
⑦一つ一つの試合を大切に
5000PB 14'29"26（2021.11）
10000PB 29'50"54（2021.11）
ハーフPB 65'14（2022.1）

森下 治（もりした はる）〈学年主任〉

①経済学部 経済学科 ②鹿児島県
③屋久島高校 ④170cm・51kg
⑤やって後悔しないこと
⑥アニメ・マンガを読む、絵を描く、歌を聴く、歌う
⑦箱根5区を走り、チームに貢献する走りをすること
5000PB 14'22"53（2021.11）
10000PB 29'36"24（2021.12）
ハーフPB 68'31（2021.3）

望月 遥平（もちづき ようへい）

①文学部 人間学科 ②静岡県
③御殿場西高校 ④168cm・57kg
⑤反復継続丁寧
⑥おしゃべり
⑦やりたいことを見つける
5000PB 14'43"62（2020.12）
10000PB 31'24"45（2022.2）
ハーフPB なし

溝口 泰良（みぞぐち たいら）

①経済学部 経済学科 ②長崎県
③創成館高校 ④173cm・57kg
⑤最後に愛は勝つ
⑥サッカーすること、格闘技を観ること
⑦ずっと笑顔でいる
5000PB 14'11"27（2021.11）
10000PB 29'12"16（2021.11）
ハーフPB なし

志村 健太（しむら けんた）

①文学部 人間学科 ②愛知県
③関西創価高校 ④166cm・53kg
⑤運
⑥特技はスケート
⑦チームを支え、さらに押し上げられるくらい強くなります！
5000PB 14'12"17（2021.12）
10000PB 29'10"63（2022.10）
ハーフPB 64'11（2022.5）

吉田 悠良（よしだ ゆら）

①経済学部 経済学科 ②宮城県
③利府高校 ④171cm・58kg
⑤2歩進んで1歩下がる
⑥経験したことがないことをすること
⑦チームの目標に貢献すること 人知を尽くすこと
5000PB 14'08"32（2020.11）
10000PB 29'17"48（2020.11）
ハーフPB 65'14（2022.3）

山森 龍暁（やまもり りゅうき）

①経営学部 経営学科 ②福井県
③鯖江高校 ④174cm・54kg
⑤1%のひらめき
⑥睡眠
⑦区間3位以内
5000PB 14'04"36（2021.7）
10000PB 28'35"17（2022.10）
ハーフPB 63'33（2021.5）

山下 唯心（やました ゆいと）

①経営学部 経営学科 ②岐阜県
③斐太高校 ④169cm・56kg
⑤人にやらされた練習は努力とは言わない
⑥釣り、ポケモンユナイト
⑦ありがとうと言われる活躍をする
5000PB 14'13"23（2021.7）
10000PB 30'15"97（2022.10）
ハーフPB 66'16（2022.4）

のだ たけちか
野田 崇央

①経営学部 経営学科 ②熊本県
③開新高校 ④160cm・47kg
⑤自由と休憩
⑥動画を見ること
⑦箱根駅伝に出走する
5000PB 14'20"70 (2021.11)
10000PB 29'20"59 (2021.11)
ハーフPB 62'47 (2022.1)

にしもり あきと
西森 燎

①経済学部 経済学科 ②兵庫県
③小豆島中央高校 ④176cm・62kg
⑤勝利とは習慣なのだ
⑥映画や動画を見ること
⑦自己ベスト大幅更新
5000PB 14'44"31 (2019.11)
10000PB なし
ハーフPB なし

こぐれ えいき
小暮 栄輝

①文学部 人間学科 ②栃木県
③樹徳高校 ④169cm・53kg
⑤足利しか勝たん
⑥エアコンの先端で懸垂
⑦箱根駅伝に出走して区間賞、総合優勝！ 箱根ドリームを掴む
5000PB 14'07"13 (2022.10)
10000PB 29'16"81 (2021.11)
ハーフPB 62'42 (2022.1)

あざか ひかる
安坂 光瑠

①経済学部 経済学科 ②長野県
③佐久長聖高校 ④170cm・56kg
⑤地道が近道。
⑥釣り、音楽を聴く、寝る
⑦箱根駅伝10区区間賞
5000PB 14'15"11 (2021.11)
10000PB 29'50"35 (2021.10)
ハーフPB 65'54 (2022.1)

よしだ りょう
吉田 凌〈学年主任〉

①経済学部 経済学科 ②福島県
③学法石川高校 ④166cm・53kg
⑤克己心
⑥睡眠
⑦箱根駅伝区間賞
5000PB 14'11"16 (2022.4)
10000PB 28'41"28 (2021.11)
ハーフPB 63'07 (2022.1)

ふじのき じょう
藤ノ木 丈

①経営学部 経営学科 ②新潟県
③十日町高校 ④176cm・58km
⑤雪の結晶を選別すること、アニメ鑑賞
⑥3000mSCで勝負
⑦箱根駅伝では最高の走りをする
5000PB 14'12"48 (2022.10)
10000PB 29'57"97 (2022.11)
ハーフPB 73'40 (2022.4)

ひわたし ゆうた
樋渡 雄太

①経済学部 経済学科 ②愛知県
③名経大高蔵高校 ④170cm・52kg
⑤努力は一瞬の苦しみ、後悔は一生の苦しみ
⑥ハイキューを見て気分をあげる
⑦全種目で自己ベストを更新する
5000PB 14'49"85 (2022.4)
10000PB なし
ハーフPB なし

はまぐち なおと
濱口 直人

①文学部 人間学科 ②神奈川県
③相洋高校 ④182cm・60kg
⑤命を削る
⑥謎解き、YouTube
⑦箱根駅伝6区出走、日本選手権出場
5000PB 14'26"84 (2021.11)
10000PB なし
ハーフPB なし

リーキー・カミナ

①経済学部 経済学科 ②ケニア
③チョメ高校 ④170cm・53kg
⑤Work towards your destiny
⑥踊ること
⑦出雲駅伝、全日本大学駅伝、箱根駅伝で優勝し、有名な選手になる
5000PB 13'32"97 (2022.9)
10000PB 28'14"54 (2022.7)
ハーフPB 62'31 (2022.10)

わかさ りんたろう
若狭 凜太郎

①経済学部 経済学科 ②石川県
③遊学館高校 ④170cm・55kg
⑤妥協しない
⑥動物と話す
⑦今年中に5000mと10000mで自己ベストを出す！
5000PB 14'18"86 (2022.10)
10000PB 30'08"05 (2022.10)
ハーフPB なし

①学部・学科
②出身地
③出身高校
④身長・体重
⑤モットー・好きな言葉
⑥趣味・特技・気分転換の方法
⑦今後の夢や目標、抱負
●PB記録（大会実施年月）
5000PB
10000PB
ハーフPB
※2022年11月13日現在

岩﨑 勇斗（いわさき はやと）

①文学部 人間学科 ②兵庫県
③関西創価高校 ④173cm・61kg
⑤勝ちに不思議の勝ちあり、負けに不思議の負けなし。
⑥映画や動画を見ること
⑦箱根駅伝3区区間賞
5000PB 14'47"23（2021.3）
10000PB 30'50"07（2020.10）
ハーフPB なし

石丸 惇那（いしまる じゅんな）

①経済学部 経済学科 ②鹿児島県
③出水中央高校 ④177cm・58kg
⑤明日があるさ
⑥映画やドラマを見ること
⑦三大駅伝での区間賞
5000PB 13'57"91（2022.5）
10000PB 28'58"26（2022.10）
ハーフPB なし

家入 勇翔（いえいり ゆうと）

①経営学部 経営学科 ②熊本県
③開新高校 ④158cm・46kg
⑤感謝の気持ちを忘れずに
⑥絵を描くこと
⑦駅伝メンバーに絡めるように力をつけていく
5000PB 14'17"54（2022.9）
10000PB 29'12"47（2022.10）
ハーフPB なし

安達 隆志（あだち たかし）

①経済学部 経済学科 ②愛知県
③関西創価高校 ④169cm・55kg
⑤継続は力なり
⑥ドラマを見る、テニス、睡眠を長くとる
⑦秋以降のシーズンで自己ベストを出します
5000PB 14'52"02（2021.3）
10000PB 31'37"61（2021.10）
ハーフPB なし

野沢 悠真（のざわ ゆうま）

①経済学部 経済学科 ②宮城県
③利府高校 ④163cm・48kg
⑤一意専心
⑥ゲームをすること
⑦箱根駅伝出走
5000PB 14'13"27（2021.11）
10000PB 29'23"82（2022.4）
ハーフPB 65'24（2022.5）

中村 拳士郎（なかむら けんしろう）

①文学部 人間学科 ②鳥取県
③鳥取城北高校 ④179cm・55kg
⑤優れるな異なれ
⑥砂丘の砂数え（いまのところ10万粒数えました）
⑦砂丘の砂のように熱い走りをします
5000PB 14'23"00（2022.5）
10000PB なし
ハーフPB なし

竹田 康之助（たけだ こうのすけ）

①経営学部 経営学科 ②北海道
③東海大札幌高校 ④160cm・55kg
⑤人生山あり谷あり
⑥趣味はおいしいものを食べること、特技は腹筋ローラー、気分転換は甘いものを食べる
⑦5000m自己ベスト更新、ハーフで65分切りを目標に頑張ります
5000PB 14'23"83（2021.12）
10000PB なし
ハーフPB なし

黒木 陽向（くろき ひなた）

①経営学部 経営学科 ②熊本県
③九州学院高校 ④173cm・53kg
⑤あきらめたらそこで試合終了ですよ
⑥映画鑑賞、サッカー、音楽を聴くこと
⑦4年間の中で、3大駅伝で区間賞を取れるような選手になる
5000PB 14'14"93（2022.10）
10000PB 29'40"26（2022.10）
ハーフPB なし

山下 蓮（やました れん）〈学年主任〉

①経済学部 経済学科 ②長崎県
③鎮西学院高校 ④172cm・55kg
⑤俺か俺以外か
⑥彼女とデートするという妄想をすること、変顔、映画を見ること
⑦箱根駅伝1区で区間賞を取り総合優勝します！
5000PB 14'10"73（2022.10）
10000PB 29'18"63（2022.10）
ハーフPB なし

三坂 佳賞（みさか よしたか）

①法学部 法律学科 ②鹿児島県
③樟南高校 ④166cm・55kg
⑤今は一度きり
⑥音楽を聴くこと
⑦箱根駅伝総合優勝！
5000PB 14'32"12（2021.10）
10000PB 30'50"28（2022.1）
ハーフPB なし

4年

甲斐 治輝（かい はるき）
〈チームサポート〉
①経済学部 経済学科
②宮崎県
③宮崎日大高校
④置かれた場所で咲きなさい
⑤タイム計測、選手の給水、マネージャーのサポート

高木 真弓（たかぎ まゆみ）〈副務〉
①教育学部 児童教育学科
②千葉県
③創価高校
④挑戦ある限り必ず希望はある
⑤ホームページの管理、差し入れ対応、月間MVPの集計など

石川 由香（いしかわ ゆか）
①文学部 人間学科
②埼玉県
③花咲徳栄高校
④常に明るく笑顔
⑤SNSの運営、試合レポートの確認、試合エントリー、三大駅伝の行動予定作成

中村 智哉（なかむら ともや）〈副務〉
①教育学部 教育学科
②京都府
③洛南高校
④努力は人を裏切らない
⑤故障者の対応・管理

3年

久光 康太（ひさみつ こうた）
〈チームサポート〉
①経営学部 経営学科
②熊本県
③九州学院高校
④一日一善
⑤タイム計測、選手の給水、マネージャーのサポート

清川 咲（きよかわ さき）
①文学部 人間学科
②大阪府
③大阪市立東高校
④梯山航海
⑤ホームページ、会計、玄関掲示、大会エントリー、先輩からの業務の引き継ぎの準備

梶原 優利（かじわら ゆり）
①教育学部 教育学科
②兵庫県
③加古川東高校
④楽しんだもん勝ち
⑤SNS運営(主にTwitter)、自己ベスト表作成、大会エントリー、成績集計、先輩からの業務の引継ぎの準備

吉田 正城（よしだ まさしろ）〈主務〉
①経営学部 経営学科
②京都府
③関西創価高校
④負けたらあかん 栄光は挑み続ける人に輝く
⑤関東学連との連携、3大駅伝・主要大会のエントリー、大学関係者との連携、取材対応、業務を他のマネージャーに振り分ける役をしています

1年

弓指 瑛美梨（ゆみさし えみり）
①経済学部 経済学科
②鹿児島県
③指宿高校
④点滴穿石
⑤給水や練習中の動画撮影、練習結果をメールで報告する、ポイント練習のまとめを作成する

石橋 さくら（いしばし）
①教育学部 児童教育学科
②神奈川県
③平塚学園高校
④正しいと思った道を一歩前へ
⑤給水や練習中の動画撮影、練習結果をメールで報告する、ポイント練習のまとめを作成する

岩本 信弘（いわもと のぶひろ）
〈チームサポート〉
①経済学部 経済学科
②熊本県
③九州学院高校
④人に優しく自分にも優しく
⑤タイム計測、選手の給水、マネージャーのサポート

2年

諸石 明日花（もろいし あすか）
①文学部 人間学科
②兵庫県
③飛鳥未来高校
④目の前の山を登れ
⑤駅伝部のホームページ、年間試合予定を始めとした事務作業、ポイント・試合対応

榎木 真央（えのき まひろ）
①経営学部 経営学科
②宮崎県
③宮崎日大高校
④だれでも初めは素人
⑤選手のデータ管理の責任者、記録会のエントリー

①学部・学科 ②出身地 ③出身高校 ④モットー・好きな言葉 ⑤現在の担当業務